101 TRUCS ET CONSEILS

VAINCRE LE STRESS

TIM HINDLE

MANGO PRATIQUE

UN LIVRE DE DORLING KINDERSLEY

Première édition en Grande-Bretagne en 1998 par
Dorling Kindersley Limited
9 Henrietta Street, Londres

Dépôt légal : septembre 1998
Traduction et adaptation : Muriel Leroux
Composition, mise en pages : Studio Michel Pluvinage
Imprimé en Italie

ISBN 2 84270 101 1

SOMMAIRE

Surmonter son Stress au Travail

Agir à la Maison

INTRODUCTION

Chacun de nous sera soumis au stress au moins une fois dans sa vie. Vaincre le stress *vous aidera à exploiter votre stress comme stimulant pour atteindre vos objectifs sans nuire à votre santé. Cet ouvrage propose des méthodes qui permettent de réduire les facteurs de stress dans votre environnement de travail et propose 101 trucs et conseils dispersés au fil des pages qui mettent l'accent sur des informations essentielles. Il commence par une analyse des causes de stress, vous explique ensuite comment réduire votre propre stress, puis vous indique enfin comment utiliser vos nouvelles connaissances pour aider les autres à surmonter leur stress. En fin d'ouvrage, un test vous permettra d'évaluer votre niveau de stress. Cet ouvrage vous fournira des informations précieuses exploitables à l'infini à mesure que vous réduisez votre stress.*

COMPRENDRE LE STRESS

Le stress, également appelé « maladie invisible », ne doit pas être ignoré car il touche à un moment ou à un autre tous les individus.

QU'EST-CE QUE LE STRESS ?

Chacun ressent, au moins une fois dans sa vie, les effets du stress. S'il peut s'avérer bénéfique et mener des champions olympiques à la victoire, le stress peut également conduire à la dépression. Une telle force mérite donc qu'on y prête attention.

1 Apprenez à repérer en vous-même les signes du stress et à réagir en conséquence.

EFFETS DU STRESS

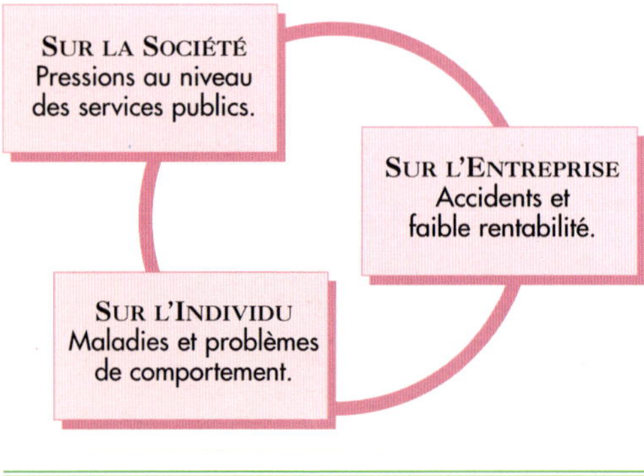

DÉFINITION DU STRESS

Le stress nuit à la santé mentale et physique des individus. Une personne est stressée lorsqu'elle s'oblige à dépasser ses capacités physiques. Le stress nuit aux individus, aux familles, à la société et aux entreprises, victimes de « stress organisationnel ».

2 N'ayez pas peur de parler des situations qui vous semblent stressantes.

EFFETS SUR LA SOCIÉTÉ

Pour la société, le stress est d'ores et déjà une lourde charge qui ne fait que s'accroître. En effet, il faut assumer les frais d'indemnisation des personnes malades du stress, des pensions de retraite anticipée pour cause de stress et des pensions d'invalidité versées aux victimes d'accidents dus au stress. En outre, le stress modifie le comportement et rend souvent irritable ce qui dégrade les relations au sein de la communauté.

EFFETS SUR LES ENTREPRISES

On estime que l'absentéisme et les faibles performances des personnes stressées coûtent chaque année plus de 800 milliards de francs en France. Ainsi, selon un sondage IFOP réalisé en janvier 1998, 57 % des gens estiment accomplir leur travail dans des conditions stressantes. Toute action visant à réduire les méfaits du stress contribuera donc au bien-être des travailleurs et, par voie de conséquence, à l'enrichissement des entreprises.

3 Si vous vous sentez stressé, allez prendre l'air pour vous détendre.

RÉPERCUSSIONS PHYSIQUES

En cas de stress physique ou psychologique, le corps humain sécrète certaines hormones, telles l'adrénaline et la cortisone.
Ces hormones modifient le rythme cardiaque, la pression sanguine, le métabolisme et les capacités physiques.
Si elles durent peu, ces réactions peuvent faire office de stimulant, mais sur une longue période, elles sont extrêmement néfastes pour l'organisme.

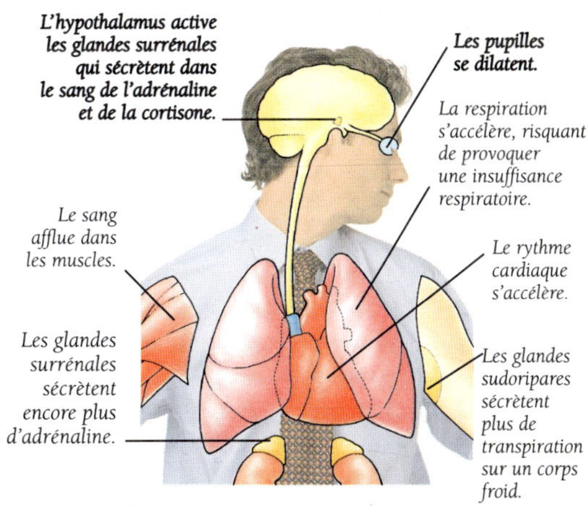

▲ **SYMPTÔMES DU STRESS**
Le stress a des répercussions physiques sur l'ensemble de l'organisme, et plus particulièrement sur les systèmes cardiaque et respiratoire.

RÉPERCUSSIONS SUR LA SANTÉ PHYSIQUE ET SUR LE MORAL

La plupart des troubles les plus fréquents, notamment l'hypertension et les maladies du cœur, découlent directement de longues périodes de stress. De même, un stress prolongé augmente les risques de troubles psychologiques ou psychiatriques. Les modifications de comportement liées au stress, telle une consommation excessive de café, d'alcool ou de drogues, entraînent également une dégradation progressive de la santé physique, et une personne soumise à un niveau de stress supérieur à la normale présente plus de risques de dépendance à l'alcool. Or l'abus d'alcool engendre de graves troubles physiques mais aussi relationnels, qui augmentent le stress, à la maison comme au travail. Les tranquillisants et les calmants sont très efficaces pour un traitement ponctuel des symptômes d'anxiété mais présentent des risques de dépendance et d'effets secondaires (difficultés de concentration et de coordination, vertiges) et ne remédient pas au stress car ils ne s'attaquent pas à ses causes profondes.

4 Évitez d'emporter chaque soir du travail à la maison.

STRESS ET SANTÉ MENTALE

Des troubles psychologiques tels que les crises d'angoisse et les comportements obsessionnels montent en intensité avec le stress. L'anxiété atteint de tels sommets qu'elle déclenche des douleurs physiques insoutenables parfois diagnostiquées à tort comme un infarctus. Les individus soumis au stress sur une longue période sont plus sujets aux peurs irrationnelles, aux changements d'humeur et aux phobies, et présentent plus de risques de dépression, de colère et d'irritabilité.

RÉPERCUSSIONS SUR LES ÉMOTIONS

Les individus stressés présentent plus de risques que les autres d'adopter des comportements destructeurs. À force de sautes d'humeur et de caprices, deux symptômes classiques du stress, l'individu stressé détériore ses relations avec ses collègues de travail, voire ses amis et sa famille. Dans certains cas, il s'enferme dans un cercle vicieux de perte de confiance pouvant aboutir à la dépression.

5 Soyez attentif aux changements de comportement vis-à-vis de l'alimentation et de la boisson.

RÉPERCUSSIONS SUR LES DÉCISIONS

Un niveau élevé de stress peut rapidement priver un individu de sa capacité de décision, notamment s'il perd confiance en lui. Sa santé, sa famille et sa carrière en pâtissent, car le stress affecte inévitablement l'entourage. Certains en arrivent à négliger leur santé car ils attribuent au stress des signes physiques de maladie. Une mauvaise décision prise au travail ou à la maison peut provoquer des accidents ou des disputes, des pertes financières, ou même la perte d'un emploi.

6 Soyez honnête vis-à-vis de votre hiérarchie, n'ayez pas peur de dire à votre responsable ce qui se passe réellement.

POINTS À RETENIR

- Le stress peut tuer. Les Japonais ont officiellement reconnu sous le terme *karoshi* la mort par stress due à un excès de travail.
- Souffrir de stress n'est pas une marque de faiblesse.
- Le stress est contagieux. Il est extrêmement stressant de côtoyer des gens qui en sont atteints.
- Le stress découle des responsabilités qui nous incombent auxquelles s'ajoutent des pressions et un manque de soutien des collègues ou de la famille.
- Il n'existe pas de solution miracle pour échapper définitivement au stress, mais certaines méthodes permettent de le stabiliser à un niveau acceptable.

RÉPERCUSSIONS SUR LA FAMILLE

Le stress peut briser des couples et des familles. L'augmentation du nombre de divorces dans les pays de l'Ouest provient en partie de la montée rapide du stress sur les lieux de travail, surtout lorsque les deux partenaires travaillent à plein temps.
Les parents sont tiraillés entre le désir de s'occuper de leurs enfants et celui de poursuivre une carrière professionnelle. Nous devons donc trouver un équilibre entre les impératifs du travail et ceux du foyer pour assurer le plus possible à nos enfants un avenir libéré du stress.

◀ **DÉFINIR SES PRIORITÉS**
Le stress provient d'une incapacité à équilibrer les demandes en conflit. Jongler avec les engagements professionnels, une vie sociale et l'éducation des enfants peut tout simplement aboutir à ne pouvoir consacrer en fait ni assez de temps ni assez d'énergie à aucune des ces tâches.

LE STRESS EN MILIEU PROFESSIONNEL

Une modification des habitudes de travail, l'introduction d'une nouvelle technologie ou une réorientation des objectifs peuvent instaurer un climat de stress au sein de l'entreprise, où le stress se mesure d'après le taux d'absentéisme et la qualité du travail.

7 La prochaine fois que vous sentez une surcharge de travail, déléguez au moins une tâche.

8 Prenez exemple sur ceux que le stress épargne.

9 Ne vous habituez pas à travailler tard ni durant les week-ends.

STRESS ORGANISATIONNEL

Le stress affecte les entreprises comme les individus. Une société confrontée à un fort taux d'absentéisme, une rotation rapide de son personnel, une détérioration de ses relations avec ses fournisseurs et ses clients, un nombre croissant de problèmes de sécurité ou une très faible qualité de ses produits ou services souffre de stress organisationnel. Il peut provenir d'une mauvaise définition des postes de travail, d'un manque de communication ou de mauvaises conditions de travail, tel le « syndrome du bâtiment malade », reconnu lorsque le manque de ventilation et de lumière et la mauvaise exposition engendrent absentéisme et troubles physiques.

COÛT DU STRESS EN MILIEU PROFESSIONNEL

Le stress est source de problèmes coûteux pour l'entreprise à divers niveaux :

- Faible qualité de services. Nombre croissant de réclamations et de défections de clients coûteuses en temps et en argent. Traiter les réclamations prend du temps et remplacer des produits ou des services entraîne des frais. En outre, une entreprise qui perd des clients est en danger.
- Forte rotation de personnel. Remplacer des employés qui quittent l'entreprise parce qu'ils ne s'y plaisent pas coûte en temps de formation et en frais de recrutement.
- Mauvaise réputation. Une entreprise dont les clients ne sont pas satisfaits doit, pour retrouver leur confiance, investir pour faire évoluer ses produits et ses prestations.
- Mauvaise image organisationnelle. Une entreprise ayant mauvaise presse risque de ne pouvoir embaucher que du personnel peu compétent ou inexpérimenté car elle n'attirera probablement pas les experts hautement qualifiés.
- Personnel insatisfait. Considérable perte de temps à argumenter avec la direction sur les termes et les conditions d'emploi.

◀ PROGRESSION DU STRESS DANS UNE STRUCTURE D'ENTREPRISE

Ce schéma illustre la constitution d'un département d'entreprise et indique des causes de stress envisageables au niveau de la structure et des individus. Le stress est contagieux ; une personne en difficulté à cause du stress augmente la pression sur ses collègues et sur ses supérieurs.

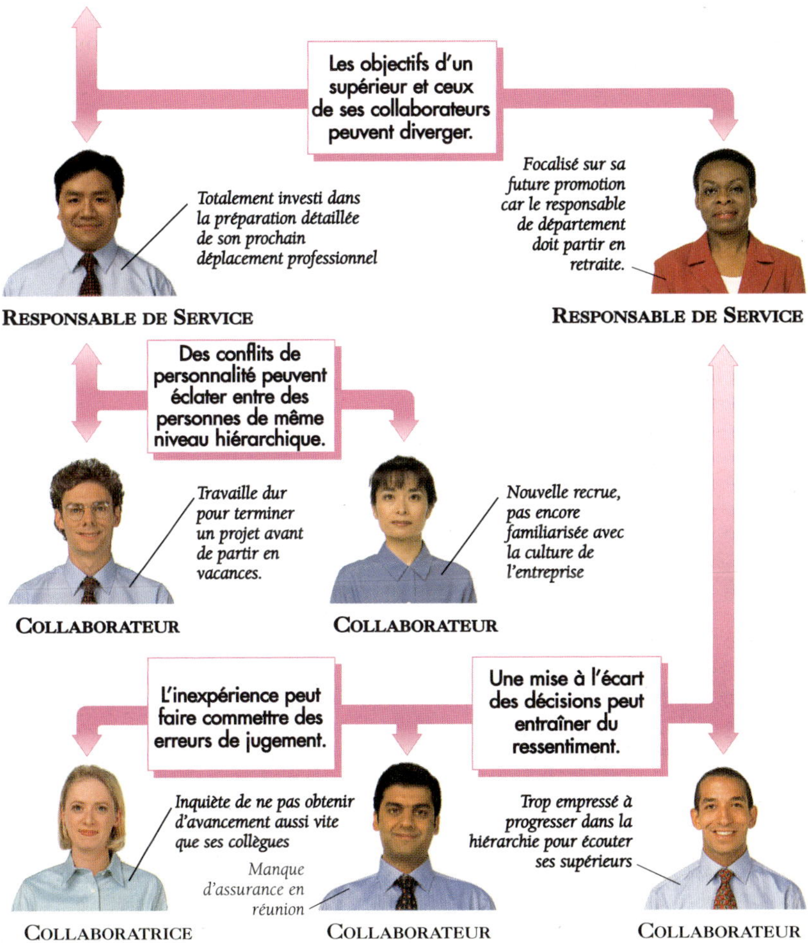

DÉCELER LES SYMPTÔMES DU STRESS

Un symptôme isolé n'est pas révélateur de stress ; les maladies du cœur et l'excès de boisson ne sont pas le lot exclusif des personnes stressées. En fait, un individu stressé développe une multitude de symptômes.

10 Si vous souffrez régulièrement de migraine ou d'insomnie, consultez un médecin.

SIGNES PHYSIQUES

Certains symptômes du stress tels que l'hypertension et les maladies du cœur peuvent mettre votre vie en péril. Les autres signes physiques dangereux, mais à un niveau moindre, sont l'insomnie, la sensation de fatigue permanente, les migraines, les éruptions cutanées, les troubles digestifs, les ulcères, les colites, le manque d'appétit, la boulimie et les crampes. La plupart surviennent peu de temps après un événement stressant. D'autres apparaissent plus rapidement, (sensations de nausée, difficulté à respirer ou sécheresse de la bouche), mais tous peuvent, bien entendu, avoir d'autres causes que le stress. Si vous êtes sujet aux migraines, par exemple, n'en tirez pas de conclusions hâtives.

11 Notez tout ce qui vous permet de vous relaxer.

RECONNAÎTRE LE STRESS EN MILIEU PROFESSIONNEL ▶
Une négligence vestimentaire, des accès de colère, une modification des habitudes alimentaires et une tendance à l'isolement sont des signes évidents de stress chez vos collègues.

SIGNES ÉMOTIONNELS

Les symptômes émotionnels de stress sont notamment une fréquente irritabilité, des crises aiguës d'angoisse, de la dépression, une absence de libido, une perte du sens de l'humour et une incapacité à se concentrer sur des tâches simples. Déceler les réactions émotionnelles anormales et les modifications de comportement qui en découlent permet de détecter le stress. Ses signes les plus courants sont les suivants :

- Hyperémotivité et agressivité dans les situations conflictuelles ;
- Désintérêt pour sa tenue vestimentaire, pour les autres, les manifestations publiques ou des activités prisées par le passé, tel un sport favori ;
- Difficultés de concentration et de mémoire et incapacité à prendre des décisions ;
- Tristesse, sentiment de culpabilité, fatigue, apathie et profond sentiment d'impuissance ou d'échec ;
- Perte de confiance en soi souvent accompagnée d'autodépréciation.

12 Écoutez aussi objectivement que possible ce qu'exprime votre corps.

POINTS À RETENIR

- Famille, amis et collègues ne manquent pas de signaler ouvertement à une personne ses signes de stress.
- Loisirs et violons d'Ingres préservent le moral et l'abandon brutal de ces activités peut aggraver un stress latent.
- Tout le monde, ou presque, a des faiblesses que le stress fait ressortir. Ceux qui avaient cessé de fumer, par exemple, peuvent se remettre à fumer.

SYMPTÔMES COMPORTEMENTAUX

Comme compensation temporaire au stress, bon nombre de personnes développent des états compulsifs pour la nourriture, les cigarettes, la boisson ou les achats inconsidérés. Le stress peut transformer un fumeur occasionnel en fumeur invétéré et un buveur de salon en alcoolique. Certains n'ont même pas conscience qu'ils se laissent aller ; d'autres en ont conscience et vont très loin pour cacher leur comportement autodestructeur à leurs amis, leur famille et leurs collègues.

La consommation d'alcool peut progresser de façon insidieuse.

Le chocolat est un euphorisant temporaire.

La consommation de café peut augmenter très vite.

La consommation de tabac peut s'accroître avec le stress.

ABUS D'EXCITANTS ▶
Le sucre, l'alcool, la nicotine et la caféine sont de bon moyens pour surmonter rapidement la fatigue, l'anxiété et les tensions, mais n'agissent que de façon provisoire. Consommés en grande quantité, ils ne font qu'empirer les symptômes du stress.

MESURER LE STRESS

Divers éléments permettent d'évaluer les niveaux de stress. Ils varient selon qu'il s'agit d'évaluer le niveau de stress d'un individu, d'une entreprise ou de la société dans son ensemble.

13 Demandez-vous si les autres trouvent stressant de travailler avec vous.

14 Notez les jours où vous vous sentez plus particulièrement stressé.

ANALYSER LES STATISTIQUES

Les statistiques nationales figurent parmi les meilleures sources d'information sur le niveau de stress d'une société. Leurs variations sur une période donnée sont particulièrement significatives. Une augmentation du nombre de crises cardiaques et de suicides signale généralement un stress lié à une grave crise sociale, telles une généralisation du chômage ou une récession économique.

MESURER LE STRESS DES INDIVIDUS

Le niveau de stress d'un individu peut s'évaluer d'après le rythme cardiaque et le taux d'adrénaline dans l'organisme, mais les modifications du comportement sont bien plus significatives. Le rythme cardiaque et la tension artérielle étant fonction de chacun, nous ne disposons pas de moyenne statistique concernant le niveau normal de stress. En outre, chacun réagit différemment face au stress. Crises d'angoisse et migraines pour certains ; insomnie et perte d'amour-propre pour d'autres. Le stress se traduit aussi différemment chez l'homme et chez la femme. Les femmes se renferment sur elles-mêmes et souffrent de dépression et les hommes ont plus tendance à développer de l'agressivité et des comportements de dépendance.

STATISTIQUES SUR LE STRESS

- Dans la communauté européenne, 10 millions de personnes environ souffrent chaque année de troubles liés aux conditions de travail.
- En France, 150 millions de boîtes d'anxiolitiques sont vendues chaque année.
- En Norvège, les troubles liés aux conditions de travail grèvent de dix pour cent le produit national brut.
- Au Royaume-Uni, le stress est responsable chaque année de 180 millions de journées d'absentéisme.

Mesurer le Stress des Entreprises

Les entreprises disposent d'éléments tangibles permettant de mesurer le niveau de stress, dont le plus significatif est le taux d'absentéisme. Il comptabilise le pourcentage de personnes absentes chaque jour de leur lieu de travail. Toutefois, la société ayant le plus fort taux d'absentéisme n'est pas forcément la plus stressée ; certains secteurs de l'industrie à haut risque d'accidents du travail sont plus touchés. En fait, la présence de personnes épuisées et démotivées qui ne sont pas plus rentables que les absents cause un grand préjudice à beaucoup d'entreprises. On observe de plus en plus qu'une personne stressée préfère se rendre à son travail plutôt que de rester à la maison.

15 Faites-vous plaisir en vous offrant quelque chose que vous n'achèteriez pas ordinairement.

16 Si possible, placez votre bureau près d'une fenêtre.

Mesure des Niveaux de Stress

Type de Stress	Éléments Quantifiables
Stress au Niveau de la Société Apparaît comme un tout et se manifeste par une détérioration générale des comportements.	• Variation significative du taux de criminalité. • Taux de chômage, particulièrement en agglomération où le chômage peut devenir endémique. • Résultats scolaires, plus particulièrement dans les zones rurales ou urbaines défavorisées. • Pourcentages d'émigration et d'immigration.
Stress au Niveau de l'Individu Manque de contrôle de soi doublé d'une incapacité à fonctionner normalement.	• Insomnie chronique. • Éruptions cutanées, crampes, migraines ou autres symptômes physiques d'origine inconnue. • Modification des habitudes alimentaires. • Augmentation très nette de sa consommation de cigarettes, d'alcool et de médicaments.
Stress au Niveau de l'Entreprise Nuit au moral du personnel et engendre des pertes financières et des problèmes individuels.	• Variation significative du taux d'absentéisme. • Qualité de la production globale de l'entreprise, notamment avec des baisses significatives. • Nombre d'accidents du travail. • Nombre de problèmes de santé mis sur le compte du travail.

ÉVALUER SON NIVEAU DE STRESS

Pour combattre le stress, apprenez d'abord à le repérer. Admettre que le stress est un vrai problème est un premier pas vers la guérison. Testez régulièrement votre niveau de stress à l'aide du questionnaire ci-dessous. Répondez honnêtement. Si votre réponse est « Jamais », cochez la case 1 ; si c'est « Toujours », cochez la case 4, etc. Additionnez vos points, puis reportez-vous à l'encadré « Résultats » pour évaluer votre score. Servez-vous des réponses fournies pour identifier les points à améliorer.

OPTIONS

1 Jamais

2 Parfois

3 Souvent

4 Toujours

1 J'ai tendance à culpabiliser en cas de problème au travail.

1 2 3 4

2 J'intériorise mes problèmes puis j'ai envie d'exploser.

1 2 3 4

3 Je m'investis à fond dans le travail pour oublier mes problèmes personnels.

1 2 3 4

4 Je fais ressortir sur mes proches ma colère et ma frustration.

1 2 3 4

5 J'ai noté que mon comportement se dégrade lorsque je suis sous pression.

1 2 3 4

6 J'ai plus tendance à voir les côtés négatifs de la vie que ses côtés positifs.

1 2 3 4

7 Je ne me sens pas à l'aise dans une situation inconnue.

1 2 3 4

8 J'ai l'impression que mon travail ne présente aucune utilité pour l'entreprise.

1 2 3 4

9 J'arrive en retard au travail ou aux réunions importantes.

1 2 3 4

10 J'accepte mal les critiques personnelles quelles qu'elles soient.

1 2 3 4

11 Je me sens coupable si je reste assis à ne rien faire pendant une heure ou plus.

1 2 3 4

12 Je suis toujours dans l'urgence même quand rien ne m'y oblige.

1 2 3 4

13 Je n'ai pas le temps de lire les journaux comme je le souhaiterais.

1 2 3 4

14 J'exige qu'on s'occupe de moi ou qu'on me serve immédiatement.

1 2 3 4

15 Je cache mes émotions au travail comme à la maison.

1 2 3 4

16 J'accepte une charge de travail plus importante que ce que je ne peux assumer.

1 2 3 4

17 Je suis fermé aux conseils de mes collègues et de mes supérieurs.

1 2 3 4

18 Je ne connais pas mes limites physiques ou professionnelles.

1 2 3 4

19 Le travail m'accapare totalement et je néglige mes habituels passe-temps.

1 2 3 4

20 Je fonce dans une situation avant d'y avoir soigneusement réfléchi.

1 2 3 4

21 Je ne prends pas le temps de déjeuner avec des collègues ou des amis durant la semaine.

1 2 3 4

22 J'affronte les situations difficiles et je cherche une solution au dernier moment.

1 2 3 4

23 Les gens profitent de moi lorsque je n'agis pas de façon péremptoire.

1 2 3 4

24 Je n'arrive pas dire que j'ai trop de travail et à en refuser.

1 2 3 4

25 J'évite de déléguer des tâches à d'autres personnes.

1 2 3 4

26 Je ne prends pas le temps d'analyser globalement ma charge de travail.

1 2 3 4

27 J'ai du mal à dire non aux requêtes et aux demandes qui me sont faites.

1	2	3	4

28 J'ai l'impression que je dois chaque jour terminer le travail entamé.

1	2	3	4

29 Je pense que je ne vais pas pouvoir assumer ma charge de travail.

1	2	3	4

30 La peur de l'échec me paralyse et m'empêche d'agir efficacement.

1	2	3	4

31 Mon travail tend à passer avant ma famille et ma vie personnelle.

1	2	3	4

32 Je perds patience si les choses ne se font pas immédiatement.

1	2	3	4

RÉSULTATS

Après avoir répondu à toutes les questions, additionnez vos points et vérifiez votre niveau de stress d'après le résultat obtenu. Même si votre niveau de stress est très faible, il est toujours possible de le réduire encore. Identifiez vos points faibles, puis reportez-vous aux paragraphes adéquats de ce livre. Vous y trouverez des conseils pratiques et des trucs permettant de réduire votre niveau personnel de stress et de minimiser les facteurs de stress dans votre environnement de travail.

de 32 à 64 points : vous gérez le stress à la perfection, mais le stress étant parfois un très bon stimulant, essayez d'équilibrer stress positif et stress négatif.
de 65 à 95points : votre niveau de stress est acceptable, mais vous pouvez encore améliorer certains points.
de 96 à 128 points : votre niveau de stress est trop élevé. Vous devez absolument trouver des méthodes pour le réduire.

ANALYSER LES CAUSES DU STRESS

La société, le monde du travail et la vie quotidienne ont connu ces cinquante dernières années des bouleversements qui ont fortement augmenté le niveau général de stress.

AU SEIN DE LA SOCIÉTÉ

La rapide évolution démographique, les phénomènes de migration des zones rurales vers les villes, l'augmentation du nombre de personnes âgées et le rôle croissant des femmes ont contribué ces dernières années à l'augmentation des niveaux de stress.

17 Utilisez vos temps de trajet pour planifier votre journée ou pour « décrocher », du travail.

URBANISATION GALOPANTE

Le principal facteur de stress de ces dernières années est la rapide urbanisation. Dans certains pays industrialisés, plus de quatre-vingts pour cent de la population vit dans des villes. Le stress découle des conditions de vie liées à la promiscuité et des niveaux élevés de bruit, de criminalité et de pollution de l'air.

◀ **ACCROISSEMENT DÉMOGRAPHIQUE**
Il a fallu des milliers d'années pour peupler la planète de un milliard d'habitants, mais aujourd'hui, dix ans suffisent pour voir naître un milliard d'individus supplémentaires.

VIEILLISSEMENT DES POPULATIONS

Une meilleure hygiène alimentaire et les progrès de la médecine ont permis d'augmenter l'espérance de vie. La chute du taux de mortalité infantile entraîne un vieillissement de la population des pays industrialisés. Cette évolution est source de stress car l'individu doit négocier entre sa carrière et la nécessité à long terme de prendre soin de ses parents. Elle pèse aussi sur les charges de la collectivité car les frais de santé sont proportionnels à l'âge d'une population.

▼ ÉVOLUTION DE LA POPULATION MONDIALE

Les graphiques ci-dessous illustrent l'évolution de la moyenne d'âge mondiale sur cinquante ans. Entre 1950 et l'an 2000, la pyramide des âges s'inverse. Auparavant, l'essentiel de la population se situait dans la tranche des moins de 30 ans, elle se situe aujourd'hui dans la tranche des 50 à 64 ans.

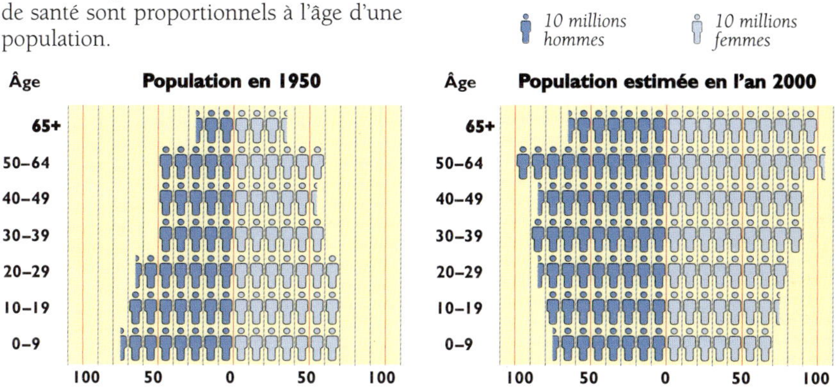

18 Isolez-vous une heure ou deux par semaine à l'écart de votre travail et de votre famille.

ÉQUILIBRE DES RÔLES

Le rôle des femmes a changé en un siècle, surtout dans les zones urbaines. Les femmes constituent désormais une grande part de la force de travail. Elles sont jugées d'après les mêmes critères que les hommes et subissent le même stress. Elles en souffrent toutefois plus qu'eux car leurs activités professionnelles sont en conflit avec leurs obligations familiales (elles assument l'essentiel des responsabilités dans ce domaine). Cette évolution du rôle de la femme se heurte également à l'identité masculine et aux schémas classiques du travail car les femmes occupent maintenant des postes auparavant réservés aux hommes.

LE STRESS DANS L'ENTREPRISE

Ces dernières années, de nombreuses entreprises ont réorienté leurs objectifs. Ces nouvelles orientations sont généralement vitales pour elles, mais forcent parfois les employés à travailler encore plus sans perspective d'avenir.

19 Essayez d'anticiper par des formations régulières l'évolution de l'entreprise.

TERMES CLÉS

ACQUISITION : opération par laquelle une société acquiert le contrôle des intérêts d'une autre société.
ALLIANCE : accord passé entre deux sociétés pour leur bénéfice respectif.
APLANISSEMENT : élargissement du champ d'action des postes de travail par compression au niveau de l'organisation hiérarchique.
GLOBALISATION : commercialisation mondiale de produits ou de services.
FUSION : mise en commun des activités de deux ou de plusieurs sociétés.
PRIVATISATION : vente à un secteur privé d'une entreprise d'État.
GESTION DE LA QUALITÉ : procédure permettant à l'entreprise de surveiller la qualité de ses produits.
RÉORGANISATION : révision et remodelage des processus organisationnels.
RESTRUCTURATION : réorganisation de la structure et des processus de travail d'une entreprise.

FAIRE FACE À LA PRESSION

L'impératif de réduction des coûts et d'accroissement de la productivité tient essentiellement à deux facteurs :

- Un phénomène de globalisation qui a confronté les fournisseurs locaux à une concurrence opiniâtre et entraîné une baisse considérable des prix du marché.
- Des technologies de l'information telles que le télécopieur, la messagerie électronique et la vidéo conférence, qui ont précipité la vitesse des transactions commerciales et mis sous pression la force de travail par une demande de productivité sans cesse croissante.

REPENSER L'ENTREPRISE

Les entreprises doivent aujourd'hui faire face à une concurrence et à des normes de productivité très élevées. Elles ont donc été obligées de développer des stratégies qui augmentent le stress imposé à leurs employés. Fusions et acquisitions de sociétés se sont démultipliées, entraînant des suppressions d'emploi. En effet, le regroupement de plusieurs entreprises implique la suppression de postes clés à tous les niveaux hiérarchiques.

20 Adoptez de nouvelles méthodes de gestion uniquement si elles s'avèrent utiles, pas simplement par mode.

ÉVOLUTION DES MODES OPÉRATOIRES

Pour progresser, les entreprises analysent de près leur mode de fonctionnement, par exemple, leurs processus de production et de gestion des stocks. Bon nombre d'entreprises ont réorganisé leur structure et impliqué leurs employés dans le contrôle de la qualité des produits et la garantie d'une constante amélioration. L'arrivée de la robotique sur les chaînes de montage a mis au chômage de nombreux travailleurs manuels précédemment affectés à la production en série. Les personnels de l'industrie travaillent donc désormais de façon relativement isolée, avec peu de contacts sociaux.

21 Préservez votre emploi en attirant l'attention sur la valeur de votre tâche.

22 Profitez des plans de formation pour vous familiariser avec des méthodes de travail nouvelles ou différentes.

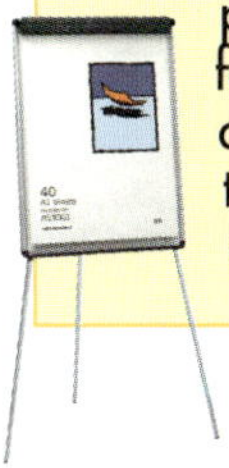

ADOPTER DE NOUVELLES MÉTHODES DE TRAVAIL

Les récentes évolutions du monde du travail ont radicalement modifié les méthodes de travail de la plupart des entreprises, quelle que soit leur taille. Ainsi les rachats ont placé des structures démodées entre les mains d'entrepreneurs ambitieux qui réagissent vite et n'ont plus les mêmes valeurs. L'essor des privatisations a transformé les entreprises d'État en entreprises privées pour qui le profit prévaut souvent sur la force de travail.

ATTEINDRE LES LIMITES

Dans l'entreprise, ces changements techniques, stratégiques, opérationnels et culturels de l'environnement de travail ont eu d'énormes et profondes répercussions sur les employés. De très nombreuses études s'accordent à dire que même si les travailleurs sont capables de s'adapter, il existe des limites au nombre de changements qu'un être humain peut accepter. Si les entreprises persistent à atteindre, voire à dépasser, ces limites, leurs employés ne seront sans doute plus à même de répondre à leurs exigences.

23 Trouvez des collègues de votre bord et travaillez ensemble à vous adapter aux changements.

CHANGEMENT DES PRATIQUES

Le changement est moins stressant s'il est prévisible. Tenez-vous au courant des derniers développements dans votre secteur d'activité, familiarisez-vous avec les nouvelles technologies, acquérez des compétences dans un maximum de domaines et profitez des opportunités offertes.

24 Préparez-vous à changer une fois au moins d'orientation au cours de votre carrière.

25 Débutez lentement avec une nouvelle technologie, puis lancez-vous.

SUIVRE LE MARCHÉ DE L'EMPLOI

Vous devez être capable d'appréhender les orientations de l'offre et de la demande du marché du travail, et les progrès informatiques ont considérablement accéléré le rythme de ces changements. On sait néanmoins que certaines technologies essentielles de la communication et de l'informatique, tels Internet et le multimédia, génèrent bien d'autres développements. Informez-vous de leurs progrès afin d'élargir vos perpectives d'emploi et de réduire votre stress grâce aux possibilités qu'elles vous offrent d'évoluer.

COMPRENDRE UNE NOUVELLE TECHNOLOGIE

De nos jours, l'ordinateur est présent partout dans le monde du travail. Pourtant, bon nombre de cadres responsables de l'achat et de l'utilisation de ces matériels n'ont pas encore conscience des services considérables qu'ils peuvent rendre. Des formations permettent de développer ses compétences informatiques ; suivez-les car l'informatique est aujourd'hui un outil indispensable.

◀ **SURFER SUR INTERNET**
Avec les progrès de la messagerie électronique et le réseau Web d'Internet les méthodes de travail évoluent rapidement.

RELOCALISATION DES BUREAUX

La technologie informatique assouplit nos méthodes de travail puisque chacun peut désormais choisir comment et où il veut travailler. Ceux qui n'ont besoin que d'un ordinateur et d'un téléphone peuvent aussi bien le faire dans la salle d'attente d'un aéroport ou assis à l'arrière d'une voiture. Beaucoup choisissent aujourd'hui de travailler à la maison. Ainsi, ils subissent moins les interruptions et échappent au stress et au coût des transports. Des corvées quotidiennes telles que les courses et le règlement des factures s'effectuent de plus en plus par ordinateur depuis ces « bureaux au foyer ».

26 L'isolement est source de stress. Installez votre bureau à côté de chez quelqu'un de connaissance.

TRAVAILLER À LA MAISON

Réservez à votre bureau une pièce aussi éloignée que possible des parties communes et des chambres pour ne pas être obligé de tout ranger en fin de journée.

27 Séparez votre espace de travail des parties communes.

28 De nouvelles compétences s'acquièrent à tout âge.

APPORTER D'AUTRES CORDES À SON ARC

Les rapides évolutions du monde du travail offrent la chance inespérée de pouvoir exercer plusieurs métiers dans sa vie. Auparavant, les gens apprenaient un métier qu'ils exerçaient jusqu'à la retraite. À l'heure actuelle, cela devient rare. Capacité d'adaptation et souplesse sont essentielles pour parer au stress qu'engendrent les suppressions de poste. Anticipez les évolutions et, si possible, préparez-vous à y faire face. Au besoin, suivez des formations et, lorsque votre poste est supprimé, dites-vous que c'est l'occasion de commencer une nouvelle carrière et de faire enfin ce qui vous intéresse vraiment.

LES EMPLOIS

Certains emplois sont plus stressants que d'autres. Les facteurs de stress varient selon le poste occupé aux différents niveaux d'une entreprise. Pour déterminer si un travail vous convient, analysez son niveau probable de stress avant de prendre une décision.

29 Évaluez les facteurs de stress associés à un nouvel emploi avant de l'accepter.

NIVEAUX DE STRESS PAR TYPE D'EMPLOI

TYPE D'EMPLOI	CAUSES DE STRESS
FINANCES Comptables, négociants en bourse, conseillers en prêts hypothécaires, caissiers de banque.	Dans les entreprises qui gèrent essentiellement de l'argent, le niveau de stress est en permanence très élevé. Plus les sommes impliquées sont importantes et plus le personnel est stressé.
VENTE Directeurs et consultants commerciaux, directeurs de la publicité.	Ces emplois, tributaires d'objectifs à atteindre avec un certain budget et dans des délais déterminés, mettent les employés sous pression permanente.
TECHNOLOGIE Programmeurs et techniciens en informatique, statisticiens.	Les spécialistes des technologies de l'informatique agissent dans le secteur qui évolue le plus rapidement. Les techniciens doivent réparer le matériel et expliquer des choses complexes à des novices.
MÉDIAS Journalistes de presse, de magazine ou de télévision, producteurs, éditeurs.	Les périodes de calme alternent avec des périodes d'activité intense au cours desquelles les employés du secteur médiatique, sans cesse à l'affût d'informations, doivent impérativement produire dans des délais ultra courts.
MÉDICAL Infirmières, médecins, anesthésistes, pharmaciens, physiothérapeutes.	Lorsque la santé, voire la vie de quelqu'un, est en jeu, la pression est énorme car il faut savoir prendre rapidement la bonne décision. Prendre en charge la détresse humaine est particulièrement stressant.
SOCIAL Directeurs du personnel, travailleurs sociaux, conseillers et tous les responsables d'équipe.	Ces emplois nécessitent un tact et une discrétion qui ne facilitent pas les relations avec les collègues. Ils impliquent parfois de dupliquer des postes, de mettre en œuvre des procédures disciplinaires et de prendre des décisions qui provoquent la détresse.

STRESS AU NIVEAU DES RESPONSABLES HIÉRARCHIQUES

Les responsables hiérarchiques se sentent souvent isolés. Ils sont tiraillés entre le désir de répondre aux souhaits de leurs employés et la nécessité de satisfaire aux exigences de leurs supérieurs. Ils doivent également prendre des décisions difficiles concernant l'avenir de leur équipe. Un responsable doit avoir des compétences relationnelles. Le sentiment de ne pas disposer de ces compétences, de ne pas savoir déléguer, d'être incapable de dire non, de ne pas bien comprendre son rôle et d'avoir trop de responsabilités peut s'avérer stressant.

▲ LES DEMANDES ENVERS UN RESPONSABLE

Lorsqu'une personne doit faire face à trop de demandes ou de responsabilités, son niveau de stress est considérable. La plupart des responsables d'équipe considèrent que le stress fait partie intégrante de leur fonction, mais s'ils ne s'accordent pas le temps de relaxation nécessaire, la maladie, les guette.

30 Augmentez peu à peu chaque jour avec succès le nombre et la complexité des tâches déléguées.

▲ LE STRESS D'UN EMPLOYÉ DE BUREAU

La plupart des tâches de bureau étant répétitives et sans intérêt, elles sont peu gratifiantes pour les personnes qui les effectuent. Offrant peu de responsabilités, elles ne laissent guère de place à la créativité. Ces tâches induisent un ennui et une léthargie hautement stressants dont il est difficile de se débarrasser.

STRESS AUX AUTRES NIVEAUX DE LA HIÉRARCHIE

Dans les bureaux, le stress peut être dû au sentiment de manque de responsabilité et de contrôle d'un travail trop important et jugé ennuyeux. Un ouvrier d'une chaîne de fabrication peut tomber malade à force de travail répétitif et peu stimulant. Le stress des ouvriers des chaînes de fabrication provient souvent du grand effort physique requis.

LES RELATIONS DE TRAVAIL

De mauvaises relations avec ses collègues de travail peuvent être source de stress. Essayez d'analyser les relations qui pourraient être améliorées et d'identifier les problèmes. Avez-vous du mal à contrôler vos subordonnés ? Vos supérieurs se montrent-ils distants et peu reconnaissants ?

31 Traitez tous les employés avec autant de respect et de dignité quelle que soit leur fonction.

32 Récompensez vos collaborateurs pour leur montrer que vous les appréciez.

33 Déjeunez avec un nouveau collègue pour engager une relation de travail.

EXPÉRIMENTER LE CHANGEMENT

Les nouvelles structures organisationnelles mettent l'accent sur la notion de travail d'équipe. L'évolution rapide des technologies de l'information risque fort d'évincer les cadres moyens jusqu'à présent chargés de faire circuler l'information. La suppression de ces postes et les changements qu'elle implique font partie d'un processus nommé « aplanissement ». Dans une société soumise à ce processus, le stress peut provenir d'une compétitivité accrue du fait que tous les salariés se retrouvent au même niveau de responsabilité. Les employés travaillent en liaison plus étroite qu'auparavant et leurs tâches se recoupent souvent. Le secret d'une équipe épanouie et qui marche bien repose sur la coopération.

DIFFÉRENCES CULTURELLES

Les malentendus qui peuvent se produire lorsque vous travaillez avec des étrangers provoquent beaucoup de stress.
Si vous traitez avec une société d'une autre culture que la vôtre, familiarisez-vous avec les valeurs qu'elle défend. En Europe et aux États-Unis, par exemple, l'âge d'un cadre supérieur importe peu. En fait, la jeunesse s'apparente à l'énergie. En revanche, en Asie, l'âge est respecté car c'est un signe d'expérience et de sagesse.
Un cadre supérieur relativement âgé peut être étonné d'avoir à traiter d'égal à égal avec quelqu'un de plus jeune que lui ; ne l'oubliez pas lorsque vous négociez avec une personne qui n'est pas de votre âge.

OBSERVER LES RELATIONS

Malgré la restructuration de l'entreprise, les relations de travail sont toujours largement influencées par la hiérarchie et le niveau de cohésion du groupe. Des facteurs tels que l'ancienneté et les divers niveaux de compétence jouent un rôle crucial dans les relations de travail. Observez les gens de votre service : Qui aide qui ? Lesquels entretiennent des relations amicales ? Quelqu'un est-il isolé et pourquoi ? Décelez-vous des rivalités ?

34 Présentez-vous aux nouveaux en leur rendant visite dans leur bureau.

CONTACT AVEC SES COLLÈGUES DE TRAVAIL

RESPONSABLE

En tant que responsable, vous aurez obligatoirement des contacts à tous les niveaux de la hiérarchie. Maintenez toujours la communication ouverte et évitez les malentendus stressants sources de conflits.

SUPÉRIEUR

Déterminez si votre supérieur préfère les rapports écrits ou les rapports oraux et adoptez ce qui lui convient le mieux.

COLLÈGUE

Certains membres de l'équipe peuvent rivaliser avec vous pour une promotion. Si vous travaillez ensemble, prenez conscience des conflits d'intérêt et n'entrez pas dans le jeu.

SUBORDONNÉ

Assurez-vous le respect de vos subordonnés en les traitant sur un pied d'égalité. Encouragez le dialogue pour qu'ils se sentent informés et contribuent de manière positive aux actions en cours.

ANALYSER LES PROBLÈMES

Refouler un problème relationnel au travail peut s'avérer stressant. Identifiez la cause du problème, puis parlez-en à quelqu'un susceptible de comprendre la situation et de vous aider. Les problèmes les plus courants proviennent d'un manque d'information sur les décisions, les politiques d'entreprise, d'une incertitude concernant le rôle de chacun, de délais irréalistes et de conflits de personnalités. Une fois le problème cerné, vous pouvez envisager une solution.

35 Partagez votre trajet de travail avec un collègue qui habite près de chez vous.

L'ENVIRONNEMENT DE TRAVAIL

La structure de l'entreprise et les conditions de travail peuvent avoir des répercussions majeures sur le niveau de stress. Analysez soigneusement ces deux éléments afin d'identifier ce qui vous stresse, ainsi que vos collègues, et de trouver les meilleures solutions pour y remédier.

36 Faites toujours preuve de souplesse – vous ne connaissez peut-être pas toute l'histoire.

37 Jouez un rôle actif dans l'amélioration des conditions de travail.

38 Ne prenez pas trop hâtivement des décisions importantes.

CONNAÎTRE SON ENTREPRISE

Approuvez-vous les méthodes commerciales de votre entreprise ? Êtes-vous en accord avec sa politique, sa structure et sa hiérarchie ? Si vous répondez « non » à l'une de ces questions, le stress vous guette. Compte tenu de votre désaccord, vous devriez peut-être quitter la société, mais une telle décision est également source de stress. Il est donc préférable de vous informer sur les points qui vous déplaisent et d'essayer de comprendre ce qui a amené l'entreprise à se structurer et à fonctionner de cette manière. Fort de ces informations, vous pourrez alors suggérer des améliorations.

AVANCER EN DOUCEUR ▶

Toutes les tentatives de Carole pour faire évoluer la politique de l'entreprise se sont heurtées au veto de sa hiérarchie et elle s'est sentie très stressée. Mais après s'être informée sur la société, Carole s'est aperçue que ses propositions étaient trop radicales. Elle est parvenue avec succès à développer de nouveaux produits en s'appuyant sur les forces présentes dans l'entreprise.

ÉTUDE DE CAS

Carole a été nommée responsable du développement chez Tiny Tim Toys, fabricant réputé de jouets pour enfants. Elle a dû affronter une politique marketing rigide et faire face à un déclin du chiffre. Ses supérieurs rejetaient sans cesse ses idées concernant de nouveaux produits et, au bout de quelques mois, elle s'est sentie très frustrée. Obsédée par l'idée de faire une proposition que sa hiérarchie accepterait, elle a discuté des succès passés de l'entreprise avec le directeur des ventes, puis s'est renseignée auprès des commerciaux pour savoir ce que les revendeurs pensaient des produits de la société. Ensuite, elle a rédigé un rapport expliquant que les détaillants respectaient Tiny Tim Toys mais qu'ils trouvaient ses produits peu intéressants.
Sa hiérarchie lui a alors donné le feu vert pour actualiser sa gamme des jouets les plus appréciés et les chiffres des ventes ont commencé à grimper lentement.

Améliorer les Conditions de Travail

Un environnement de travail peu attrayant peut être une cause importante de stress. L'environnement affecte non seulement votre façon de travailler, mais aussi votre santé. À l'aide de la liste ci-dessous, évaluez vos conditions de travail. Si elles doivent être améliorées, faites ce qui est en votre pouvoir, puis demandez à votre hiérarchie de donner priorité à certaines améliorations urgentes.

- Les bureaux optimisent-ils l'espace ?
- Êtes-vous gêné par le bruit ou d'autres nuisances ?
- Y a-t-il assez de lumière naturelle ?
- Y a-t-il suffisamment d'espace de stockage et de classement ? Est-ce que vos collègues remettent les choses où ils les avaient prises ?
- La température est-elle agréable ? Est-elle contrôlée artificiellement ? L'air conditionné fonctionne-t-il bien ? Est-il bruyant ?
- Les équipements bureautiques sont-ils assez perfectionnés pour effectuer les tâches prévues ?
- Disposez-vous d'une maintenance technique ?

Points à Retenir

- Un environnement de travail agréable prouve que l'entreprise prend soin de ses employés et donne une meilleure image d'elle aux visiteurs.
- Une utilisation optimisée de l'espace permet à chacun de garder une certaine intimité, même en plateau de bureaux paysagers.
- La lumière naturelle met de bonne humeur et préserve les yeux.
- Un bon système de classement évite de perdre du temps à chercher des documents ou des dossiers égarés.
- Des plantes en pots améliorent le taux d'humidité des bureaux avec air conditionné.
- Des chaises réglables limitent le mal de dos, l'une des principales causes d'absentéisme des employés de bureau.
- Réparer ou remplacer le matériel défectueux améliore l'efficacité et la productivité.

APPORTER ▶ DES MODIFICATIONS
Au besoin, modifiez l'agencement d'un bureau pour que l'environnement soit plus agréable. Essayez de bien équilibrer les besoins de communication et d'intimité. Placez une table de réunion dans une zone calme où rien ne distraira l'attention.

AFFRONTER LA VIE QUOTIDIENNE

Beaucoup de gens pensent qu'ils n'ont pas d'autre choix que de travailler sans cesse. Ce postulat devient même une certitude si le travail leur permet d'échapper à leurs problèmes personnels. Soyez à l'écoute de vos besoins et veillez à mener parallèlement à votre carrière une vie privée enrichissante.

39 Déjeuner une fois par semaine avec votre compagne/compagnon ou avec un ami.

▲ **TISSER DES LIENS ÉTROITS**
Une vie familiale épanouie et des liens étroits avec un cercle d'amis proches est un bon moyen d'éviter le stress.

FAIRE FACE AU CHANGEMENT

Certains événements peuvent soudain briser l'équilibre d'une vie, comme un changement de travail, un mariage ou le décès d'un proche. Si tel est le cas, prenez le temps de réexaminer votre style de vie. Dressez la liste de vos priorités. Peut-être savez-vous ce qui est important pour vous, mais avez-vous du mal à accepter ce que cela implique. « Pour moi, mes enfants sont la chose la plus importante », disent certains cadres qui ne les voient qu'une soirée par semaine. Profitez d'un changement pour redéfinir vos priorités.

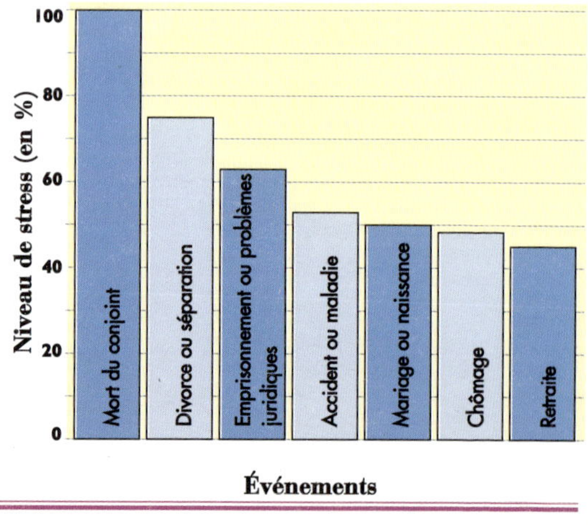

NIVEAUX DE STRESS ▶
Des études ont révélé que la perte d'un conjoint s'inscrit en tête de liste des événements stressants. Même des événements heureux, tel un mariage, sont source de stress. Un grand nombre d'événements cumulés sur une courte période augmentent fortement les risques de stress.

FAIRE FACE AUX ÉVÉNEMENTS DE LA VIE

Hormis les décès et les mariages, la vie réserve bien d'autres événements générateurs de stress, comme un déménagement, l'arrivée d'un enfant (pour le père comme pour la mère), une expatriation ou un départ en retraite. Tous ces événements sont source de bouleversements, de rupture dans les habitudes et bien souvent d'adieux en série.

40 Écoutez attentivement ce que vous disent vos enfants.

41 Si vous n'habitez pas trop loin, allez de temps en temps au travail à pieds ou en vélo.

▲ **TRAJET EN VOITURE**
Si vous avez rendez-vous à une heure précise, renoncez à la voiture. Avec les embouteillages, la voiture est aujourd'hui l'ennemi de la ponctualité, sans compter qu'elle ne favorise pas les relations sociales. Chaque fois que vous le pouvez, préférez lui un autre moyen de transport.

42 Parlez ouvertement de vos problèmes avec des proches ou des amis.

TRAJET DOMICILE-TRAVAIL

Le trajet entre domicile et travail est l'un des événements quotidiens les plus stressants. La peur d'être en retard, les embouteillages et les transports en communs bondés peuvent à la longue provoquer une accumulation de stress. Essayez de décaler vos horaires de façon à échapper aux heures de pointe. Si vous le pouvez, travaillez une heure ou deux à la maison avant d'aller au bureau le matin. Profitez des horaires variables pour arriver plus tôt ou plus tard le matin et éviter la foule. Vous réduirez ainsi le stress lié à la pression des horaires et à la peur du retard.

SURMONTER SON STRESS AU TRAVAIL

Chacun réagit différemment face au stress.
Vous ne pourrez combattre votre stress et celui des autres que lorsque vous aurez compris la nature des réactions individuelles.

IDENTIFIER LES ATTITUDES

Le stress engendre des réponses totalement différentes. Certaines entreprises adoptent une ligne de conduite très brutale espérant que leurs employés seront assez solides pour supporter le stress, tandis que d'autres prennent plus de précautions.

43 Installez une boîte à idées pour réduire le stress.

44 Soulagez la pression en parlant des problèmes de travail.

45 Pour réduire votre stress, faites du sport pendant votre pause déjeuner.

INÉVITABLE STRESS ?

Analysez les attitudes et comportements prédominants dans l'entreprise. Si le stress fait partie intrinsèque du travail, il est souvent plus facile d'en tirer profit que de modifier les habitudes. Certaines activités sont condamnées au stress. Les sociétés minières et pétrolières forcent, par exemple, leurs employés à s'expatrier pendant de longs mois. Les sociétés de conseil en gestion et les banques imposent aux leurs de nombreuses heures de travail. Il est primordial de savoir identifier les niveaux de stress inacceptables sur les lieux de travail. Occulter le stress risque à long terme de nuire à la résolution de ses effets.

ÉTUDE DE CAS

Le directeur général d'une grande société commerciale se vante de passer plus de temps en déplacements qu'à son bureau. Lorsqu'on lui demande de développer une nouvelle ligne de produits, il travaille jour et nuit pour coordonner les efforts des divers services impliqués. Il voyage dans le monde entier à la recherche d'informations et de contacts pour assurer le succès des nouveaux produits.
Il se prive de loisirs, sa vie de famille en pâtit, il se sent fatigué en permanence et se nourrit peu et mal, mais il sait que son entreprise compte sur lui et il continue dans la même voie. Il ressent bientôt de terribles douleurs d'estomac qui s'avèrent être les signes précurseurs d'un ulcère.
L'entreprise a admis que son état était dû au stress lié à sa charge de travail. Sur ordre de son médecin, il a pris de longues vacances.
L'entreprise a embauché un psychologue spécialiste du stress pour éviter que le problème ne se reproduise.

◀ **TRANSCENDER LE STRESS**
Cette étude de cas présente un problème classique. Les personnes investies de beaucoup de pouvoir acceptent l'énorme charge de travail qui leur est confiée et masquent souvent leur stress et leur peur de l'échec. L'entreprise analysée ici a été assez judicieuse pour reconnaître qu'une telle attitude avait contribué à instaurer un niveau de stress inacceptable.

PROUVER SON ENGAGEMENT VIS-À-VIS DU PERSONNEL

Une entreprise prouve sa volonté de réduire le stress de ses employés par son engagement dans les domaines suivants :

FORMATION ET DÉVELOPPEMENT
Parfois, les entreprises prévoient un budget pour ce poste dans leurs comptes annuels. Si aucun budget n'est prévu, demandez pourquoi.

RÉCOMPENSES ET PROMOTION
Une entreprise qui apprécie le travail de ses employés peut distribuer des primes et autres encouragements financiers, ou récompenser par des promotions.

RECRUTEMENT ET SÉLECTION
Une entreprise qui consacre peu de temps au recrutement ne craint pas de perdre ses employés. En revanche, une longue procédure de sélection et une sérieuse vérification des références des postulants prouvent qu'elle se soucie véritablement de son personnel.

ASSURANCE VIEILLESSE
Une entreprise qui propose des plans de retraite intéressants souhaite probablement conserver ses employés et s'assurer de leur bien-être (y compris du point de vue des conditions de travail) à long terme.

FAIRE ÉVOLUER LES ATTITUDES

Si votre entreprise n'a pas conscience des effets du stress, essayez de persuader ses décideurs d'y prêter attention en faisant valoir les avantages d'une nouvelle attitude face à ce problème. Par exemple, mettez l'accent sur le coût de l'absentéisme dû au stress et donnez les chiffres des économies réalisées dans ce domaine par d'autres entreprises. Rappelez à vos employeurs que des salariés heureux sont généralement plus productifs.

46 Combattez toute forme de racisme ou de sexisme dans votre entreprise.

CONCEVOIR UNE STRATÉGIE

Toute entreprise devrait considérer que la mise en œuvre d'une stratégie visant à réduire le stress est le prix obligatoire à payer pour préserver son bien essentiel, c'est-à-dire sa force de travail. La stratégie idéale dépend de la taille et des ressources de l'entreprise.

47 Envisagez d'abord une stratégie pilote avant d'appliquer le programme complet.

48 Établissez des réseaux d'aide aux personnes stressées.

49 Au besoin, investissez plus dans la formation des employés.

MESURES À PRENDRE

1. Identifiez les employés les plus exposés au stress.
2. Proposez des primes pour faible absentéisme sous réserve de ne pas accroître le stress.
3. Publiez dans les publications internes des articles sur le stress.
4. Interdisez le travail après 19 heures.
5. Incitez à ne pas fumer.

ÉLÉMENTS DE LA STRATÉGIE

Une stratégie d'entreprise visant à réduire le stress peut se composer des éléments suivants :

- Un programme de prise de conscience à tous les niveaux de l'entreprise du coût énorme induit par le stress sur le lieu de travail.
- Un programme permettant aux employés d'identifier les symptômes du stress chez eux et chez leurs collègues.
- Un programme d'aide individuelle.
- Un système de contrôle de l'absentéisme (en expliquant à tous les salariés ses motifs et le temps nécessaire pour le mettre en œuvre).
- Des comptes rendus réguliers au personnel sur l'avancement de la nouvelle stratégie et sur les améliorations constatées.
- Un programme de prévention du stress visant à améliorer le bien-être général des employés sur le long terme par le biais d'activités sportives, d'horaires variables, d'assurances santé et de contrôles médicaux réguliers, par exemple.

50 Analysez les ressources de votre entreprise afin de trouver la stratégie la mieux adaptée pour combattre le stress.

DÉTERMINER LES NIVEAUX DE CHANGEMENT

Lorsque vous imaginez votre stratégie, vous devez situer votre niveau d'intervention : primaire, secondaire ou tertiaire. Chaque niveau implique des changements relatifs à différents aspects du stress. Une intervention primaire est très rare et implique des changements fondamentaux, une intervention secondaire, qualifiée d'approche « pansement » s'attaque à des causes spécifiques du stress et une intervention tertiaire s'attache au traitement des individus et au rétablissement à long terme.

51 Favorisez une alimentation saine en améliorant les repas du restaurant d'entreprise.

NIVEAUX D'INTERVENTION

NIVEAU	EXEMPLES	IMPLICATIONS
PRIMAIRE Changement radical qui affecte l'ensemble de l'entreprise.	• Délocaliser des zones urbaines vers des zones plus verdoyantes pour améliorer l'environnement de travail. • Réaménager les locaux, voire en construire de nouveaux, pour améliorer et moderniser l'environnement de travail.	• L'entreprise doit assumer des frais de déménagement et, avec des supports, aider le personnel à s'adapter. • Si le personnel est hostile aux travaux en cours, la direction peut se voir contrainte d'offrir une compensation.
SECONDAIRE Traitement des causes profondes du stress en s'attaquant directement aux problèmes.	• Faciliter l'accès à des équipements sportifs pour inciter les employés à se maintenir en forme et en bonne santé. • Offrir au personnel une nourriture équilibrée si l'entreprise dispose de son propre restaurant.	• L'entreprise doit installer des douches et des vestiaires pour les personnes qui fréquentent les salles de sport. • Le self d'entreprise doit pouvoir proposer une grande variété de plats et satisfaire les besoins des personnes au régime.
TERTIAIRE Mise en œuvre de procédures d'aide individuelle aux personnes souffrant du stress.	• Lancer des programmes en vue d'aider le personnel à arrêter de fumer ou de boire et proposer des subventions médicales. • Offrir la possibilité au personnel de rencontrer gratuitement des psychothérapeutes et en toute confidentialité.	• Les personnes qui essaient d'arrêter de fumer ou de boire doivent bénéficier d'un soutien permanent et suivi. • Des services d'assistance doivent être disponibles aussi longtemps que les membres du personnel en ressentent le besoin.

AGIR DE MANIÈRE POSITIVE

Une entreprise qui envisage de mener des actions pour combattre le stress doit s'engager à en assumer les coûts pour en récolter le maximum de bénéfices.

52 Prenez conscience de la politique de votre entreprise au sujet du stress.

AVANCER PAR ÉTAPES

La lutte contre le stress implique des changements qui peuvent se révéler stressants. N'oubliez pas que l'échec d'un plan d'action risque de se solder par une démoralisation complète du personnel. Développez ce plan progressivement pour être sûr que chacune de ses étapes atteint son but. Par exemple, si vous inscrivez gratuitement votre personnel à des clubs de gym, vérifiez la fréquentation des salles pour savoir si votre initiative a du succès. Si le personnel fréquente assidûment le club, vous pouvez envisager d'ouvrir une salle dans les locaux de l'entreprise.

53 Repérez les jours de fort absentéisme.

ANALYSE DES COÛTS D'INTERVENTION

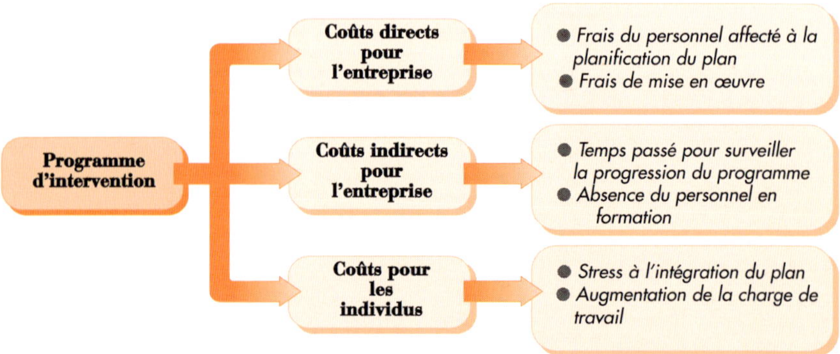

S'ENGAGER AU CHANGEMENT

Gérer le stress ne s'effectue pas en un éclair. Pour être efficace, un plan doit être maintenu mais passer peu à peu des interventions curatives à la prévention. Dans un premier temps, l'objectif peut être de réduire l'absentéisme en supprimant ou en modifiant les facteurs de stress. Une fois que le taux d'absentéisme a chuté, l'objectif sera de veiller à ce qu'il n'augmente pas de nouveau. Les premières étapes seront donc principalement axées sur le changement tandis que les suivantes s'attacheront à surveiller et à préserver le bien-être du personnel.

54 **Recherchez des preuves évidentes de l'efficacité de chaque intervention.**

ÉTUDE DE CAS

Un fabricant de machines-outils pour l'agriculture, a nommé à la direction générale une femme de forte personnalité qui a découvert que le taux d'absentéisme était élevé et que les employés étaient démoralisés. Le travail est payé à la pièce, ceux qui travaillent vite sont plus payés que les autres. Cette femme a proposé un changement radical. Plus de paiement à la pièce, mais un salaire modulable en fonction d'échelons qui dépendent de la qualité du travail. Elle a également institué une prime pour récompenser les employés les plus performants.
Tous les employés ont souscrit au plan avant sa mise en œuvre. Ils se sont sentis intégrés à une équipe et les résultats se sont améliorés.

OPTER POUR LE CHANGEMENT ▶

La responsable s'est attachée à centrer les efforts sur la qualité du travail et sur l'esprit d'équipe plutôt que sur la rapidité. Les mesures prises ont amélioré l'efficacité autant que la satisfaction des employés, d'où une réduction du niveau de stress sur le lieu de travail.

ÉTUDE DE CAS

Une grande entreprise d'électronique subissait de lourdes pertes dues à une trop forte rotation de son personnel. La direction a chargé une équipe de conseillers en gestion d'identifier les causes de ces défections, et l'équipe a découvert qu'elles provenaient de la rigidité de la structure organisationnelle et d'un manque de communication entre le personnel et ses responsables. Des modifications de structure ont été proposées et mises en œuvre. L'équipe a ensuite suggéré que les employés suivent des formations axées sur le travail en équipe, y compris des activités hors de l'entreprise. Malgré la réticence initiale de certains responsables, la première formation a eu lieu. Les membres de l'équipe ont constaté une hausse de confiance et de compréhension au fil de la formation. La plupart des responsables ayant suivi la formation ont également rapporté que leurs relations avec leurs collègues et les récentes recrues s'étaient améliorées.

◀ SE DONNER LES MOYENS DE RÉUSSIR

Dans ce cas, la baisse de profit est directement liée à la structure de l'entreprise. Les changements fondamentaux préconisés pour solutionner le problème se sont d'abord heurtés à une certaine résistance, mais l'amélioration des relations entre la direction et le personnel a été bénéfique à toute l'entreprise puisque le stress a diminué et que les bénéfices ont finalement augmenté.

SE RÉAPPROPRIER L'ESPACE DE TRAVAIL

Réduisez d'abord le stress au niveau de votre bureau. Le désordre est source de stress, et ne vous racontez pas qu'il est admissible car vous vous y retrouvez. Et ne comptez pas sur les nouvelles technologies du « bureau sans papiers » pour vous sauver.

55 Chaque soir, rangez votre bureau pour commencer vos journées dans un minimum de stress.

POINTS À RETENIR

- Rangez papiers, dossiers et livres sur une étagère afin de dégager de l'espace sur votre bureau.
- Jetez les vieux journaux.
- Prenez vos notes sur un bloc-notes et non sur de petits bouts de papier qui s'égarent facilement.
- Notez et datez vos appels téléphoniques pour être sûr de vous les rappeler.

56 Prévoyez un gadget ou un jeu pour « jouer » pendant vos pauses.

SE DÉBARRASSER DE L'INUTILE

Certaines personnes n'osent rien jeter de peur de découvrir ensuite qu'elles ont justement jeté le papier qu'il leur fallait. Alors, elles accumulent sur leur bureau des tonnes de vieux papiers inutiles. En fait, quelle que soit votre fonction, vous pouvez appliquer la « règle des trois mois ». Tout papier non lu au bout de trois mois doit être archivé ou jeté. Si vous n'avez pas rangé votre bureau ou classé vos papiers depuis longtemps, soyez sans pitié. Triez vos papiers en trois catégories :

- Action immédiate ; travail à effectuer le jour même.
- Action ultérieure ; travail à effectuer dans la semaine.
- Aucune action ; à archiver ou à jeter.

S'ORGANISER

Placez quatre casiers (emplilables) sur votre bureau : un pour les réceptions, un pour les documents en attente, un pour les documents à classer et un pour les sorties. Veillez à trier chaque semaine les documents du casier en attente. Agencez votre bureau de façon à accéder facilement aux documents le plus souvent utilisés. Placez votre ordinateur de façon à l'utiliser sans vous déplacer, l'écran face à vous.

◀ **JETER LES VIEUX PAPIERS**
Il est moins stressant d'avoir un bureau vide et une corbeille pleine que l'inverse. Jeter les papiers inutiles donne le sentiment d'avoir accompli quelque chose. Si vous le pouvez, recyclez le papier.

EMBELLIR L'ENVIRONNEMENT

Le stress est lié à d'autres éléments visuels, comme les couleurs. Certaines sociétés savent jouer sur les couleurs pour créer une ambiance particulière. Faites de même pour votre espace de travail. Selon la couleur votre environnement sera apaisant ou stimulant. Choisissez une teinte qui vous plaît et que vous trouvez agréable pour travailler. Égayez votre bureau avec des fleurs, des plantes vertes et des photos de vos proches.

57 Tentez plusieurs dispositions avant de vous installer dans un nouveau bureau.

Écran d'ordinateur orienté de façon à ne pas recevoir directement une lumière violente

Bureau égayé par un bouquet de fleurs

Plantes pour ajouter une note de verdure

Photo de la famille qui rappelle les bons moments

Classeur à portée de main

Casier des documents en attente facilement accessible

Chaise pivotante pour se tourner facilement vers l'écran ou face au bureau

▲ **EMBELLIR SON ESPACE DE TRAVAIL**
Faites de votre espace de travail un endroit aussi attrayant que votre maison. Après tout, vous passez probablement plus de temps au bureau qu'à la maison.

58 Lorsque vous changez de bureau, prenez le temps de voir comment vous pourrez donner de l'attrait à votre nouvel espace de travail.

ANALYSER SA CHARGE DE TRAVAIL

Le stress s'installe de manière insidieuse et s'accumule peu à peu. La meilleure façon d'y échapper est de l'anticiper. Si vous recherchez les événements et les périodes qui provoquent régulièrement chez vous des accès de stress, vous pourrez prendre des mesures pour améliorer la situation.

59 **Demandez à un collègue de vous signaler les moments où vous semblez stressé.**

60 **Surestimez toujours un peu le temps à allouer à chaque projet.**

REPÉRER LES PÉRIODES PROPICES AU STRESS

Suite à une période de stress intense, vous avez bien du mal à savoir comment vous vous en êtes sorti. Pour bien comprendre le stress et prendre des mesures préventives, vous devez analyser attentivement vos charges de travail et vos cycles comportementaux. Pour ce faire, repérez les périodes de l'années, du mois, de la semaine ou de la journée où vous êtes débordé, notez les problèmes auxquels vous devez faire face et demandez à vos collègues comment vous fonctionnez lorsque vous êtes stressé.

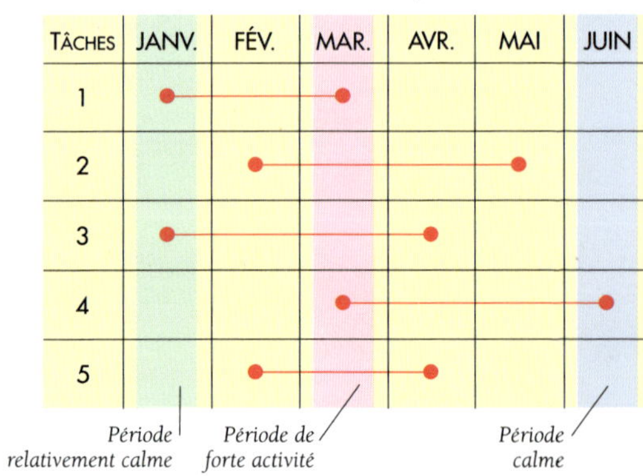

CHARGE DE TRAVAIL ANNUELLE

Tracez un tableau annuel ou semestriel. Reportez-y les principales tâches à accomplir avec leurs dates de début et de fin. Joignez d'un trait les dates de début et de fin de chaque travail afin de repérer les périodes où des tâches se chevauchent. Sachant qu'à ces périodes vous serez très sollicité, essayez de les planifier pour éviter les étranglements et prévoir vos vacances aux périodes creuses.

CHARGE DE TRAVAIL QUOTIDIENNE

La difficulté à gérer son temps et à affecter des priorités aux tâches est l'une des causes les plus courantes de stress. Une fois que vous aurez cerné vos problèmes, vous pourrez plus facilement y remédier. La meilleure méthode consiste à tenir un carnet de bord du stress. Dressez la liste des choses à faire chaque jour et servez-vous de cette liste pour analyser comment vous assumez votre charge de travail. Notez tous les problèmes qui vous empêchent d'accomplir ces tâches. Cette discipline prend du temps mais, à long terme, elle peut vous épargner bien du stress au quotidien.

61 Notez chaque jour les problèmes rencontrés pour déterminer si certains sont récurrents.

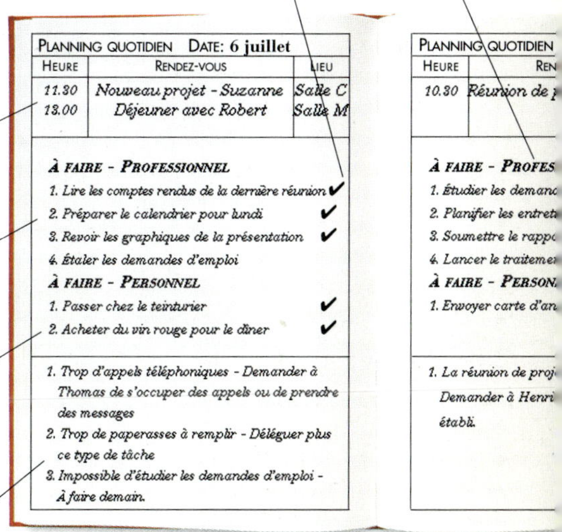

▲ CARNET DE BORD DU STRESS

Un carnet de bord présente trois avantages essentiels : il permet d'une part de noter les périodes de stress, d'autre part de repérer les montées en charge de travail, les événements susceptibles d'augmenter le stress et les moments où ils se produisent, et également de définir des priorités.

62 Fixez-vous des objectifs réalistes pour ne pas vous sentir trop stressé par le nombre d'échéances que vous n'avez pas respectées.

OBTENIR UN FEED-BACK

Pour lutter efficacement contre le stress il est essentiel que vous sachiez communiquer avec ceux que vous côtoyez le plus, à savoir vos collègues. Une méthode efficace consiste à demander de l'aide et des conseils lorsque vous êtes en situation de stress.

Si vous vous sentez stressé, rapprochez-vous de collègues compatissants et qui savent écouter. Même s'ils ne savent pas quel conseil vous donner, ils vous aideront par leur écoute, leur soutien et leurs encouragements. Demandez-leur de vous dire honnêtement comment vous vous comportez lorsque vous êtes stressé (êtes-vous serein avant une réunion mais tendu avant de prendre la parole, par exemple ?). En retour, proposez de les aider lorsqu'ils seront en difficulté. Écoutez-les et encouragez-les à vous faire part de leurs problèmes.

63 Si vous savez les gens incapables de vous aider, ne leur demandez pas d'aide.

64 Gardez pour vous toute critique négative concernant des collègues.

TROUVER DES CONFIDENTS ▶
Partager des informations crée un lien entre les gens, au travail comme à l'extérieur. Un collègue peut vous fournir la solution au problème dans lequel vous vous débattez.

Profitez d'une pause café pour discuter de manière détendue.

Oubliez le travail lorsque vous discutez avec un collègue.

ANALYSER LES CYCLES DE STRESS

Après avoir répertorié les périodes de l'année les plus chargées et noté votre charge de travail quotidienne sur un mois ou deux, essayez de déterminer vos cycles de stress quotidiens, mensuels ou annuels et tracez leurs diagrammes. Cela vous aidera à planifier vos tâches. Celles auxquelles vous pourrez faire face lors d'une période de calme seront impossibles à gérer en période d'activité intense. Déterminez les tâches que vous trouvez les plus stressantes. Effectuer un grand nombre de tâches routinières est souvent moins stressant qu'accomplir une unique tâche complexe et urgente.

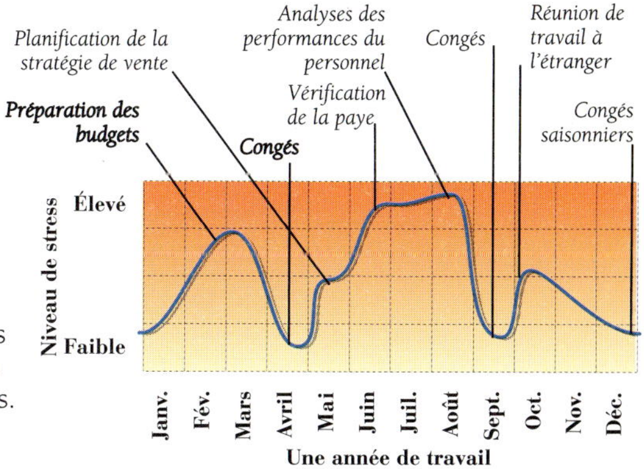

▲ UN CYCLE ANNUEL

Les effets du stress à long terme peuvent être graves. Ce diagramme est celui d'une personne soumise à un haut niveau de stress plus de cinq mois dans l'année. Ses seuls moments de répit sont ses périodes de congé ou celles passées hors du bureau.

▼ UN CYCLE QUOTIDIEN

La plupart des gens constatent que chacune de leurs journées se déroule selon un schéma sensiblement identique. Essayez de voir si vous pouvez réduire votre stress, par exemple en déléguant plus ou en supprimant certaines tâches.

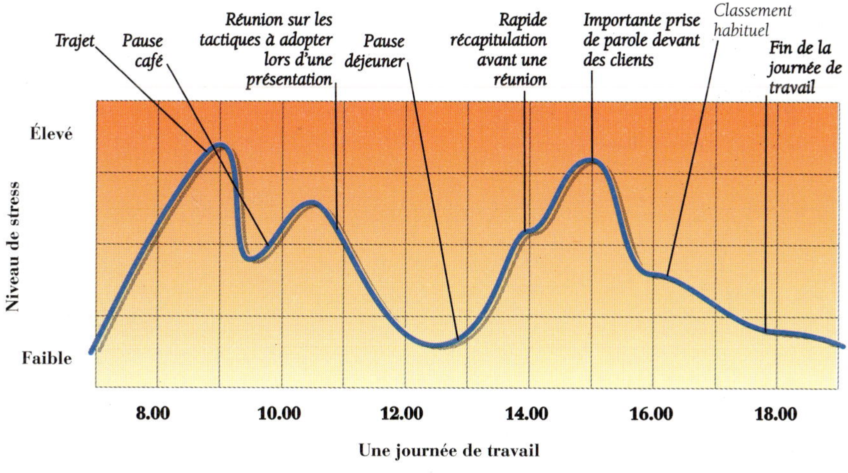

GÉRER SON TEMPS

Le premier symptôme de stress au travail est le sentiment que la journée est trop courte pour tout faire. Une meilleure gestion de son temps via quelques petits trucs très simples permet de réduire considérablement ce sentiment.

65 En cas de travail urgent à terminer, demandez à un collègue de prendre vos appels.

66 Essayez de faire une pause toutes les heures environ.

AFFECTER DES PRIORITÉS

Pour mieux gérer votre temps, vous devez commencer par déterminer quels sont vos objectifs. Aspirez-vous à trouver un équilibre entre votre vie professionnelle et votre vie familiale ? Êtes-vous motivé par une promotion ? Vous contenterez-vous d'un poste de cadre ou visez-vous la direction ? Vos objectifs définis, établissez vos priorités sur le long terme et planifiez votre travail en conséquence.

POINTS À RETENIR

- Les objectifs varient avec le temps. Changez vos ordres de priorité à mesure de ces évolutions.
- Une liste de tâches n'est pas immuable.
- Beaucoup de réunions sont inutiles.
- L'indécision est une perte de temps, mais une mauvaise décision prise à la hâte provoque à terme encore plus de stress.
- Surveiller constamment ses subordonnés demande du temps et risque de les démoraliser.
- Être sans cesse interrompu par le téléphone est une perte de temps. Demandez à vos interlocuteurs de vous rappeler plus tard.

PLANIFIER SON TRAVAIL

Répartissez vos tâches en trois catégories : A, B et C. Les tâches urgentes et importantes dans la catégorie A, les tâches importantes mais moins urgentes dans la catégorie B et les tâches routinières peu prioritaires dans la catégorie C. En fin de journée, prévoyez ce que vous ferez le lendemain. Intercalez entre vos tâches importantes de catégories A et B des tâches de catégorie C telles que le classement ou la lecture de comptes rendus, de façon à varier vos activités et à soulager la pression liée à l'exécution de tâches très importantes.

67 Lorsque vous avez terminé une tâche, barrez-la sur votre liste « à faire » pour avoir le plaisir de voir la liste diminuer.

GÉRER SON EMPLOI DU TEMPS

Pour employer votre temps de manière efficace et minimiser le stress, planifiez soigneusement vos journées de travail. Regardez ce que vous avez à faire et allouez un certain temps à chaque tâche. Si vous le pouvez, planifiez une ou plusieurs tâches importantes (de catégorie A) le matin pour ne pas les garder en tête toute la journée. Vous pouvez, à votre convenance, planifier votre travail sur un cahier, sur un ordinateur ou sur un agenda.

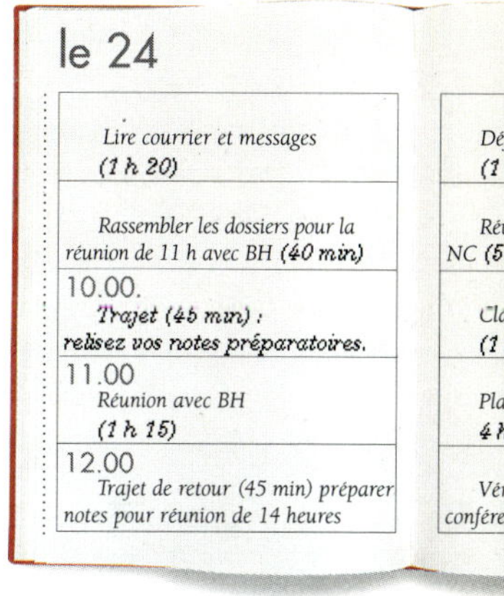

▲ PLANIFIER SA JOURNÉE DE TRAVAIL

Le temps alloué à une tâche ne correspond pas toujours au temps qu'il faut réellement pour l'exécuter. Notez le temps que vous a pris chacune ainsi que la durée de chaque réunion (le temps de préparation et de trajet compris). Au bout de quelque temps, reprenez vcs notes et observez les écarts entre vos prévisions et la réalité de façon à affecter dans l'avenir plus de temps à certaines tâches.

Mardi : À faire

- *Terminer le rapport pour le département Ventes (A)*
- *Préparer la réunion de mercredi (A))*
- *Traiter les factures (B)*
- *Mettre à jour les listes informatisées (B))*
- *Vérifier le procès-verbal de réunion pour jeudi (B)*
- *Classement (C)*

Travail urgent (catégorie A) à placer en tête de liste.

◄ ÉTABLIR DES LISTES DE TÂCHES

Listez toutes les tâches à effectuer. Classez-les par ordre de priorité selon leur importance et leur urgence.

SOULAGER SON STRESS PENDANT SES TRAJETS

La plupart d'entre nous effectuent de longs trajets pour se rendre à leur travail. Ceux-ci pouvant se révéler particulièrement stressants (les personnes qui voyagent beaucoup présentent plus de risques de troubles psychologiques que la moyenne des gens), voici quelques exercices qui vous aideront à réduire le stress lié à ces trajets.

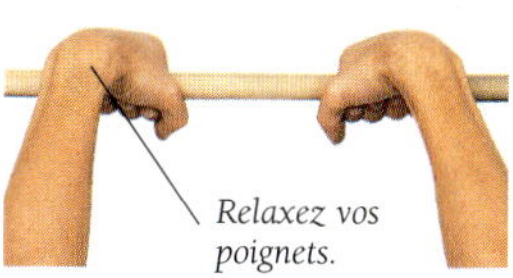

Relaxez vos poignets.

◄ TONIFIER SES POIGNETS

Agrippez une barre ou le haut de votre volant et faites lentement pivoter vos mains vers l'arrière puis vers l'avant. Répétez 10 fois le mouvement.

ASSOUPLIR ►

Placez le bout de vos doigts sur une barre. Poussez fermement jusqu'à courber vos doigts vers l'arrière, puis relâchez. Répétez 10 fois le mouvement.

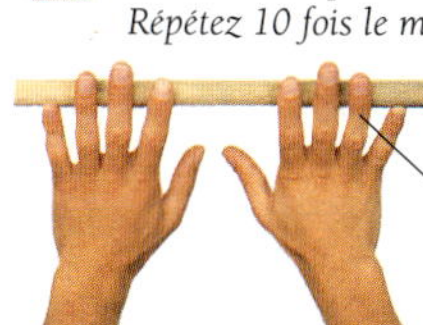

Écartez légèrement les doigts.

SAVOIR COMMUNIQUER

Un responsable de service reçoit et envoie en moyenne 178 messages chaque jour et sa secrétaire encore plus. Si ce volume augmente sans une gestion adaptée, la communication se bloque alors en impasse.

68 Ne noyez pas les gens sous une foule d'informations dont ils n'ont pas besoin.

69 Tenez un planning des courriers en attente et respectez-le.

GÉRER L'INFORMATION

Une bonne gestion de l'information est la clé du succès d'une entreprise et la garante de votre tranquillité d'esprit. De nos jours, de multiples outils de communication ultra-perfectionnés, tels les télécopieurs et le courrier électronique, vous permettent de transmettre rapidement des informations. Pour limiter le stress lié à l'emploi de ces systèmes électroniques, accordez-vous suffisamment de temps pour la réception et l'envoi de vos messages et courriers ou déléguez ces tâches. Une bonne gestion de votre courrier et de vos informations optimisera votre efficacité et réduira votre stress ; et bien communiquer incite vos interlocuteurs à se manifester rapidement.

ÉTUDE DE CAS

Florence, responsable de service, doit choisir entre deux candidats pour un poste à pourvoir. Elle estime que les deux postulants sont très capables mais que François l'emporte légèrement sur Denis. Au lieu de se contenter de nommer François et de laisser la rumeur annoncer la nouvelle à Denis, Florence reçoit ce dernier dans son bureau avant de prévenir François de sa nomination. Florence a le sentiment qu'un mémo ou un courrier électronique, même rédigé avec beaucoup de tact, n'est pas la bonne méthode pour annoncer sa décision. Elle explique à Denis les motifs de cette décision, et insiste sur le fait qu'il est très apprécié, qu'elle a eu du mal à trancher et qu'il est tout désigné pour une future promotion. Denis ayant apprécié l'honnêteté de Florence et accepté ses explications n'a pas été déçu, ne s'est pas senti rejeté et n'a pas développé de ressentiment envers François et Florence.

◄ **SAVOIR COMMUNIQUER**
L'outil de communication à adopter est fonction du public visé et de la situation. Dans l'étude de cas ci-contre, Florence pense qu'un mémo n'est pas le meilleur moyen pour informer Denis de la situation. Afin de minimiser le stress qu'il pourrait ressentir à ne pas obtenir dès à présent la promotion souhaitée, elle le reçoit dans son bureau, lui confirme qu'il est très apprécié dans l'entreprise et l'assure d'une rapide promotion.

LES OUTILS MODERNES DE COMMUNICATION

VIDÉO CONFÉRENCE
Plusieurs personnes localisées dans le monde entier peuvent communiquer simultanément *via* des liaisons vidéo. Permet d'économiser du temps et des frais de transport.

COURRIER ÉLECTRONIQUE
Permet de recevoir et de transmettre des informations à partir d'un ordinateur. C'est aujourd'hui le moyen le plus rapide et le plus efficace pour transmettre des messages et des documents dans le monde entier.

INTERNET
Une liaison Internet permet d'accéder très vite à une foule d'informations concernant les sujets les plus variés. Les données consultées peuvent être téléchargées et sauvegardées sur ordinateur.

DIFFÉRENCES CULTURELLES

Pour bien communiquer dans le monde de l'entreprise, il est essentiel d'avoir conscience des différences culturelles. Aux États-Unis et en Grande-Bretagne, par exemple, vous pouvez très bien aller voir quelqu'un à l'improviste, tandis qu'en Asie, où les relations sont plus codifiées, il est préférable de prévenir de sa venue.

TRAVAILLER AVEC LES AUTRES

Communiquer au sein d'une hiérarchie est source de stress. Pour réduire le stress :

- dialoguez et discutez ouvertement des problèmes chaque fois que possible afin de préserver les bonnes relations de travail ;
- sollicitez régulièrement l'avis de vos collègues et des autres équipes ;
- écoutez les autres même si vous n'êtes pas d'accord avec eux ;
- soyez constructif lorsque vous critiquez les idées des autres.

PARLER OUVERTEMENT ▶
Une discussion improvisée en tête-à-tête avec un collègue est souvent plus efficace qu'un long rapport écrit.

70 Envoyez vos fax et vos courriers en début de journée car la fatigue affaiblit les capacités de communication.

TROUVER UN ÉQUILIBRE INTÉRIEUR

L'une des meilleure arme contre le stress est votre aptitude à répondre de manière équilibrée et adéquate aux événements qui se produisent au travail. Et après tout, une mauvaise journée n'est pas la fin du monde.

71 Ne faites pas la sourde oreille et sachez reconnaître que vous avez des problèmes.

72 Évitez les gens et les situations susceptibles d'engendrer chez vous un comportement qui vous déplaît.

MODIFIER SON COMPORTEMENT

Des schémas comportementaux sont inscrits au fond de notre subconscient et refont généralement surface en cas de stress, même s'ils ne sont pas adaptés à la situation. Ainsi, si vous n'êtes pas à l'aise au travail et que vous ne tentez pas d'y remédier, vous éprouvez du ressentiment et votre comportement se modifie. Apprenez à trouver un équilibre intérieur et à lutter contre ces comportements inadaptés en analysant vos sentiments d'injustice et en essayant de localiser vos problèmes et de les traiter à la racine.

DÉFINIR SES STANDARDS

Le sentiment de culpabilité au travail est une cause fréquente de stress. Rappelez-vous que nul n'est parfait et ne soyez pas trop exigeant avec vous. Si vous placez la barre trop haut et que vos attentes sont démesurées, vous risquez de mal accepter vos erreurs. Voyez dans chaque erreur une occasion d'apprendre, cherchez d'où elle provient, corrigez-la et évitez de recommencer. Si vous ne savez pas refuser du travail même lorsque la demande surpasse vos possibilités, vous devez absolument apprendre à dire non poliment. Pour avoir une vie professionnelle bien équilibrée, vous devez établir vos priorités et assumer la responsabilité de vos actes.

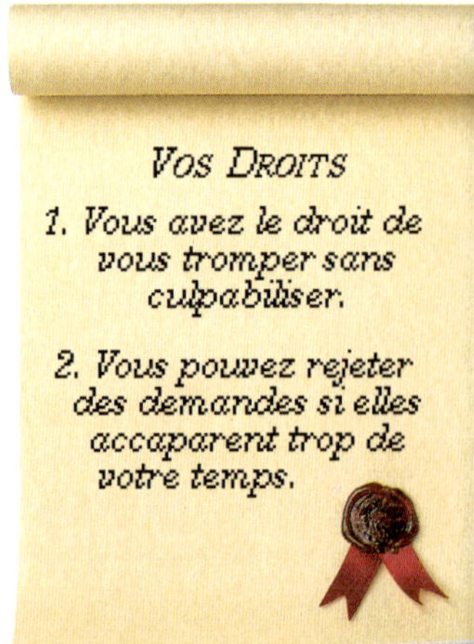

CANALISER SA COLÈRE

L'équilibre intérieur exige de contrôler sa colère. La colère est une émotion déstabilisante qui provoque des réactions physiques quantifiables : accélération du rythme cardiaque et augmentation de la tension artérielle. Un accès de colère soulage ponctuellement mais ne fait que masquer le vrai problème si la colère devient une fin en soi. Lorsque vous explosez sans raison apparente face à une personne ou à une situation, cherchez la cause réelle de votre colère. Dressez la liste des causes possibles. Pour savoir vous contrôler dans l'avenir, analysez les motifs évoqués.

73 L'exercice est un bon dérivatif à la colère.

74 Soyez honnête concernant les raisons qui vous poussent à refuser un travail.

75 Essayez de ne pas être acculé à décider dans la hâte.

PENSER DE MANIÈRE POSITIVE

Pour travailler dans le calme et avec un minimum de stress, entraînez-vous à développer des pensées positives. Votre attitude positive et votre capacité à garder votre calme quelles que soient les tensions susciteront des réponses positives de vos collègues, ce qui réduira le stress au sein de l'équipe et sur le lieu de travail. Le stress peut perturber toute une équipe, mais il disparaît si le groupe s'efforce à penser de manière positive.

APPRENDRE À DIRE NON

Certaines personnes n'arrivent pas à dire non ; elles ont peur de blesser les gens ou de nuire à leur carrière. Rappelez-vous qu'il est préférable de refuser une tâche que de l'accepter si vous n'êtes pas capable de l'assumer. Les phrases ci-dessous vous permettront de refuser catégoriquement un travail sans vous montrer agressif.

« Rencontrons-nous au plus vite pour discuter de tout cela en détail. »

« Je ne suis pas qualifié pour vous répondre. »

« Pour le moment, il n'est pas raisonnable pour moi de prendre d'autres engagements. »

PRENDRE LE TEMPS DE SE RELAXER

Lorsque vous êtes stressé, votre corps est tendu et vous n'avez plus les mêmes postures. Faites l'effort de vous relaxer lorsque vous êtes au travail afin de réduire les tensions et de soulager les symptômes physiques du stress.

76 Pratiquez le yoga ou une autre discipline du même type qui vous aidera à vous relaxer.

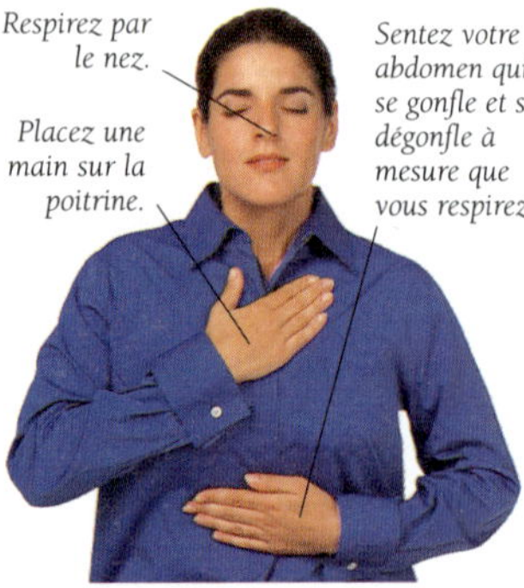

▲ **EXERCICE 1**
Une main sur la poitrine et l'autre sur l'abdomen, inspirez et expirez tranquillement par le nez tandis que votre abdomen se gonfle et se dégonfle.

SE RELAXER AU TRAVAIL

Lorsque vous restez assis de longues heures au bureau ou en réunion, les tensions qui s'accumulent dans le haut du corps, plus particulièrement au niveau du cou et des épaules, provoquent des douleurs musculaires. Au cours de la journée, habituez-vous à pratiquer les exercices décrits ci-dessous pour vous relaxer, relâcher les tensions et retrouver de l'énergie.

- Choisissez parmi les exercices suivants ceux qui vous semblent utiles ;
- Il est plus facile de prévenir le stress que de le soulager « à chaud ».

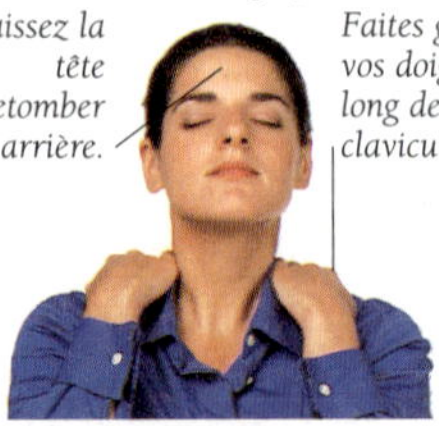

▲ **EXERCICE 2**
Ouvrez votre col et placez les mains sur les épaules. Expirez en laissant retomber la tête en arrière, puis faites lentement glisser vos doigts le long des clavicules. Répétez plusieurs fois l'exercice.

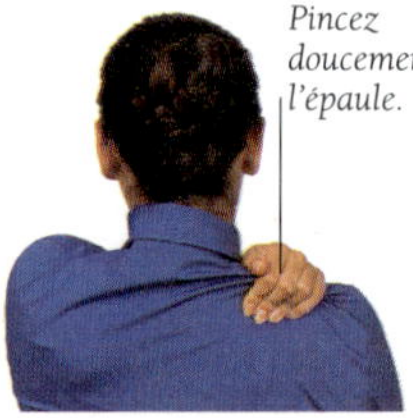

▲ **EXERCICE 3**
Placez la main gauche sur l'épaule droite et pincez doucement. Maintenez la pression pendant quelques secondes, puis relâchez. Descendez le long de l'épaule et du bras. Répétez l'exercice du côté gauche.

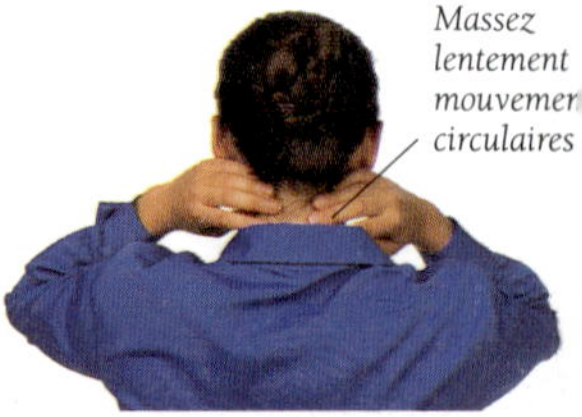

▲ **EXERCICE 4**
Placez les doigts des deux mains à la base du crâne. Par de lents mouvements circulaires, descendez le long du cou, puis des épaules. Vous pouvez recommencer plusieurs fois de suite cet exercice.

FAIRE UNE PAUSE EN COURS DE TRAVAIL SUR ÉCRAN

Le travail prolongé sur écran est très fatigant pour les yeux et les muscles du visage. Lorsque vous travaillez sur ordinateur, faites une pause toutes les heures environ en vous déplaçant ou en vous détournant de votre écran. Pratiquez régulièrement les exercices décrits ci-dessous pour soulager les tensions et éviter la fatigue oculaire.

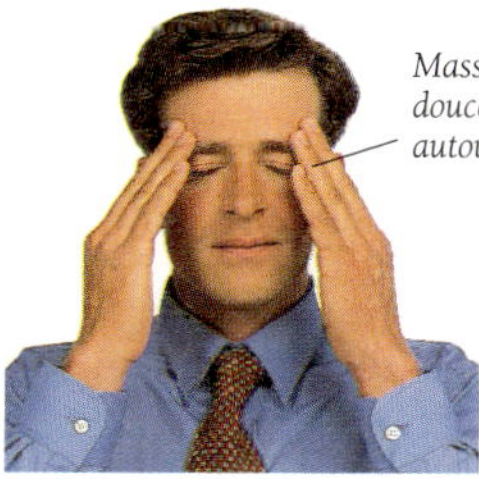

▲ EXERCICE 1

Fermez les yeux, relâchez les muscles du visage et desserrez la mâchoire. Placez le bout de vos doigts joints sur le front et tournez doucement autour des yeux. Répétez plusieurs fois l'exercice en tournant dans un sens, puis plusieurs fois dans l'autre sens.

EXERCICE 2 ▲

Placez le bout des doigts sur le front et massez doucement vos tempes avec les pouces.

EXERCICE 3 ▶

Libérez les tensions du visage en plaçant vos mains en coupe sur les yeux pour vous relaxer. Restez plusieurs secondes dans cette position, si possible dans le noir.

▲ EXERCICE 5

Placez le coude gauche dans la main droite et pianotez des doigts de la main gauche sur l'omoplate droite. Répétez l'exercice en inversant, c'est-à-dire avec le coude droit dans la main gauche.

▲ EXERCICE 6

Placez les mains sur la tête, tirez doucement la tête vers le bas et maintenez la position. Vous devez sentir l'étirement à l'arrière du cou. Relâchez la position et recommencez plusieurs fois l'exercice.

▲ EXERCICE 7

Soulevez l'épaule droite puis faites-la tourner lentement vers l'arrière. Répétez l'exercice avec l'épaule gauche, puis avec les deux épaules simultanément. Gardez les bras relâchés le temps de l'exercice.

LE STRESS AUTOUR DE SOI

Le stress étant contagieux, vous devez apprendre à le détecter chez les autres avant qu'il ne contamine tout l'entourage. Le stress provoque diverses réactions. Apprenez à en déceler les signes précurseurs pour pouvoir vous protéger.

77 Aidez vos collègues stressés à mieux gérer leur emploi du temps.

78 Demandez aux amis de vos collègues stressés de les aider à résoudre leurs problèmes.

DÉTECTER LES SIGNES DE STRESS

Un changement de comportement est un signe de stress évident. En cas de mauvaise journée, le comportement revient à la normale au bout de 24 heures, mais en cas de stress il persiste, voire empire. Par exemple, le ponctuel arrive en retard, celle qui savait écouter évite votre regard, le comptable à la voix si douce monte sur ses grands chevaux lorsqu'on lui parle d'une facture.

NOTEZ LES CHANGEMENTS DE COMPORTEMENT

NORMAL

VIS-À-VIS DES COLLÈGUES
- Dis bonjour à ses collègues lorsqu'ils arrivent.
- Déjeune avec ses collègues.
- Se montre amical.
- Sollicite l'avis des autres.

VIS-À-VIS DE L'ENTREPRISE
- Range et nettoie son espace de travail.
- Classe ses dossiers de travail de manière ordonnée.
- Sait où trouver ses papiers.
- Ne laisse pas traîner son courrier.

VIS-À-VIS DE SON APPARENCE
- Soigne sa tenue vestimentaire.
- Porte des vêtements propres et bien repassés.
- Est toujours impeccable.
- Respecte une bonne hygiène de vie.

STRESSÉ

VIS-À-VIS DES COLLÈGUES
- Reste assis en silence.
- Ne s'intéresse pas aux opinions des autres.
- Devient irritable.
- Déjeune seul.

VIS-À-VIS DE L'ENTREPRISE
- Travaille de manière désordonnée.
- Éparpille ses papiers partout.
- Met un quart d'heure pour retrouver chaque chose.
- Accumule du courrier en retard.

VIS-À-VIS DE SON APPARENCE
- Porte des vêtements mal adaptés à son travail.
- Porte des vêtements sales et froissés.
- Arrive débraillé au travail.
- Semble ne faire aucun cas de son apparence.

POINTS À RETENIR

- Des collègues peuvent vous aider à détecter et à gérer le stress. Échangez vos points de vue afin de développer un plan d'actions.
- Essayez de conserver une attitude équilibrée afin d'aider un collègue stressé.
- Pour aider un collègue stressé il suffit peut-être de lui suggérer de prendre du recul ou de s'accorder quelques jours de vacances.

ANALYSER LES CAUSES

Lorsque vous détectez des signes de stress chez un collègue, vous devez commencer par en rechercher les causes. Envisagez toutes les raisons possibles, depuis les problèmes familiaux jusqu'aux difficultés relationnelles dans le travail. Rappelez-vous que les réponses au stress varient grandement d'un individu à l'autre ; un événement qui vous semble très stressant peut paraître anodin pour d'autres. Une fois les causes possibles cernées, demandez-vous si, ou comment, vous pouvez l'aider. Bien souvent, seule la personne concernée peut trouver une solution.

DÉTECTER LE STRESS AU SEIN D'UNE ÉQUIPE

La constitution d'équipes pour les besoins spécifiques d'une tâche peut créer des tensions propres au travail de groupe. Certains peuvent ne pas accepter que l'un d'entre eux s'impose comme leader ou d'autres trouver stressant de travailler avec des gens qui n'ont pas les mêmes méthodes. Prenez le temps de dialoguer avec les équipes et les individus pour suivre la dynamique du groupe et anticiper les problèmes. Si le climat de stress persiste, il peut s'avérer utile de changer de méthodes de travail ou de revoir l'attribution des tâches.

79 Donnez quelques conseils de relaxation à vos collègues stressés.

80 Ne proposez pas votre aide si vous n'avez pas réellement de temps.

QUESTIONS À SE POSER

Q La discussion a-t-elle fait ressortir des signes de stress ?

Q Faut-il revoir régulièrement la charge de travail de l'équipe ?

Q Faut-il encourager les collègues stressés à participer au travail de l'équipe en faisant appel à leurs compétences ?

Q Quelle est la cause la plus probable du stress

ÉVITER LES TENSIONS

Vous pouvez minimiser le stress et les pressions en adoptant des méthodes de travail ouvertes et souples. Plus la communication est aisée et plus il vous sera facile de détecter le stress et de le désamorcer. Essayez les méthodes suivantes :

- Informez personnel et collègues de toutes les décisions les concernant.
- Encouragez-les à participer à l'élaboration du planning.
- Écoutez régulièrement commentaires et suggestions, et donnez un feed-back.

ANALYSER LES PERSONNALITÉS

Les effets du stress dépendent essentiellement de la personnalité. Les réactions face à un événement varient selon les individus, et chacun affronte le stress à sa manière. Apprendre à discerner les types de personnalité vous permettra de mieux aider votre entourage.

81 Suggérez à vos collègues de considérer leurs problèmes comme des opportunités.

COMPRENDRE LES TYPES DE PERSONNALITÉS

Des études ont démontré que les personnes d'un certain type de personnalité étaient plus sujettes aux maladies cardiaques. Elles ont été classées dans le type A et celles qui présentaient moins de risques dans le type B. Celles du premier type, ont l'esprit de compétition et se surmènent au travail, et ont tendance à vouloir occuper des postes de responsabilité. Elles nécessitent plus de soutien que les autres.

82 Respectez les opinions des autres – ne pensez pas que vous avez toujours raison.

DISCERNER LES PERSONNALITÉS DE TYPE A ET DE TYPE B

Voici quelques-uns des traits de caractère et des schémas comportementaux les plus classiques des personnalités de type A et de type B. Il est rare qu'une personne soit totalement de type A ou totalement de type B ; la plupart des gens présentent des caractéristiques des deux types, mais une personne à prédominance de type A a généralement beaucoup de difficultés à affronter le stress. Les collègues que vous classez dans le type A présentent plus de risques de stress et vous devez envisager des stratégies pour les aider.

- Les personnalités de type A se caractérisent par leur esprit de compétition, leur hâte, leur agressivité, leur impatience, leur tendance à la revendication, leur perfectionnisme, leur agitation, leur ponctualité et leur recherche d'attention.
- Les personnalités de type B se caractérisent par leur manque de compétitivité, leur placidité, leur patience, leur attitude décontractée, leur satisfaction, leur bonne humeur, leurs manières posées et leur plaisir à travailler sans se faire remarquer.

REPÉRER LES STRATÉGIES INDIVIDUELLES

Les stratégies face au stress sont principalement de deux sortes : l'acceptation et la dénégation. Les personnes qui font preuve d'acceptation abordent leurs problèmes de manière positive, en parlent et recherchent activement de l'aide. Celles qui font preuve de dénégation risquent d'augmenter leur stress car elles refusent de voir leurs problèmes et font comme si tout allait pour le mieux. Ce genre de comportement, appelé déni, est souvent associé au personnalités compétitives de type A.

83 Repérez ceux qui ne sont pas stressés et se montrent positifs, et sollicitez leur aide.

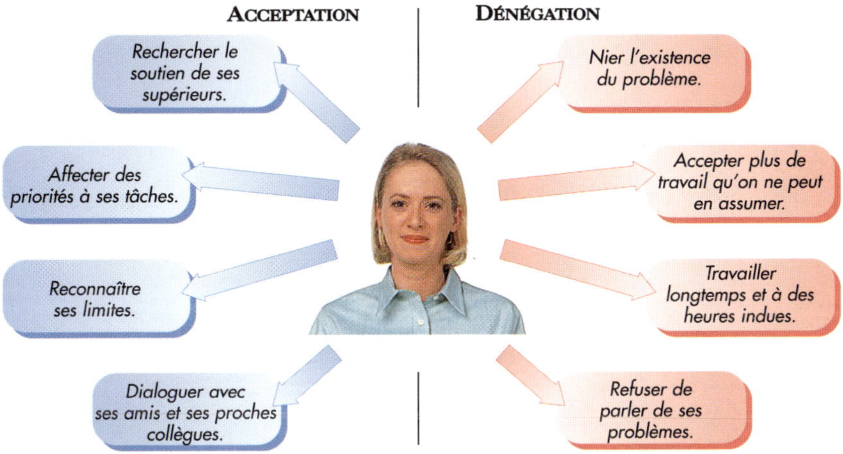

▲ **ANALYSER LES COMPORTEMENTS**

L'acceptation et la dénégation sont deux attitudes possibles face au stress. La première attitude tend à solutionner les problèmes tandis que la seconde les amplifie.

REPÉRER LES MODIFICATIONS DE COMPORTEMENT

Le comportement de collègues fortement touchés par le stress peut changer de façon spectaculaire et leurs côtés négatifs s'amplifier. Ainsi, une personne généralement impatiente (et connue pour sa susceptibilité) peut atteindre un stade où elle n'est plus capable de se maîtriser et explose dans des crises de rage destructives. Apprenez à détecter ces signaux de détresse chez vos collègues.

84 Suggérez à vos collègues de n'entreprendre qu'une seule tâche à la fois.

AIDER LES AUTRES

Une fois que vous avez détecté qu'une personne est stressée et commencé à comprendre pourquoi, le plus dur reste à faire : amener cette personne à prendre conscience de son stress et l'encourager à prendre des mesures pour y remédier.

85 Notez les situations qui déclenchent le stress chez vos collègues.

DÉFINIR LES ZONES DE TENSION

Définissez sur une base quotidienne, hebdomadaire, mensuelle ou annuelle la charge de travail à laquelle vos employés doivent faire face. Vous serez ainsi mieux à même de comprendre les tensions auxquelles ils sont soumis à chaque période donnée. Ces tensions peuvent provenir d'une compétition entre collègues. En général, il suffit d'encourager au dialogue les personnes concernées. Si vous présagez qu'une situation risque de s'envenimer au point de devenir un réel problème, définissez clairement les attributions de chacun pour éviter les conflits de fonctions.

86 Assurez-vous que les gens d'une même équipe s'entendent bien.

ÉVITER LES CONFLITS DE FONCTIONS

Respecter une éthique de comportement compatible avec l'entreprise.	*Éviter que les gens soient démoralisés.*
Définir clairement une hiérarchie au sein du service.	*Veiller à ce que chacun sache à qui il rend des comptes.*
Fournir à chaque employé une description claire de son poste.	*Éviter le chevauchement des responsabilités.*
Regrouper des équipes pour éviter les conflits de personnalités.	*Devancer les conflits de pouvoir dévastateurs.*
Parler ouvertement des problèmes dès qu'ils se produisent.	*Régler les problèmes mineurs avant qu'ils ne grossissent.*
Fournir régulièrement au personnel un feed-back constructif.	*Encourager le dialogue et l'information.*

ÉVALUER LES RELATIONS

Sur bien des plans, les relations amicales qui s'établissent entre collègues de travail sont aussi importantes que les relations professionnelles. En tant que responsable, essayez de déceler les affinités. Vous pouvez ainsi constituer des équipes formées de personnes qui aiment travailler ensemble.

87 Dressez la liste des personnes capables d'aider un collègue stressé.

AIDER LES AUTRES À ADMETTRE LEUR STRESS

Il faut parfois manœuvrer avec discrétion pour amener certains à admettre leur stress. Il est parfois préférable de faire intervenir un tiers. Il est très utile alors de connaître les relations établies entre les gens. Quelques mots glissés à la personne adéquate peuvent faire des merveilles et, dans un premier temps, c'est une bonne méthode pour amener quelqu'un à prendre conscience de son stress. Le problème n'est pas encore évoqué officiellement et la personne concernée peut remédier à la situation. Si cette première approche est sans effet, il est alors impératif d'agir plus ouvertement.

88 Encouragez les employés à se soutenir mutuellement.

BARRIÈRES À LA RECONNAISSANCE DU STRESS

POUR DES RESPONSABLES

- Pensent que leur autorité repose dans une certaine mesure sur leur image d'infaillibilité.
- Ne veulent pas admettre qu'ils sont stressés par peur de saper leur autorité.

POUR DES COLLÈGUES

- Refusent de parler de leurs faiblesses de peur qu'elles ne soient utilisées contre eux par la suite.
- Lorsque deux collègues rivalisent pour la même promotion, leur amitié risque d'en pâtir.

POUR DES SUBORDONNÉS

- Pensent que leur carrière est en danger s'ils montrent qu'ils sont stressés à des personnes ayant un droit de regard sur leur travail.
- Les anciens ne veulent pas montrer aux plus jeunes qu'ils sont stressés.

METTRE EN ŒUVRE UN PLAN D'ACTIONS

Une fois que le stress est reconnu et admis, envisagez une stratégie pour aider ceux qui en souffrent. Demandez à vos collègues et à vos subordonnés s'ils voient comment réduire leur charge de travail, par exemple en délégant une partie de leurs responsabilités. Discutez de tous les plans d'action envisageables. Prévoyez toujours des mesures de repli de sorte que les personnes stressées n'aient pas l'impression de lâcher l'équipe.

89 Suggérez que vos réunions ne durent pas plus d'une demi-heure.

TROUVER UNE SOLUTION À UN PROBLÈME

PARTAGER SES CONNAISSANCES ET SON EXPÉRIENCE

Parfois, vous pouvez discrètement proposer des plans d'action pour lutter contre le stress sans montrer que vous visez plus particulièrement certains membres de l'équipe. Par exemple, comme chacun sait qu'une mauvaise gestion de son emploi du temps est source de problèmes, proposer de réfléchir ensemble à la meilleure façon d'organiser ses journées apparaîtra comme une excellente idée.
Amplifiez les situations lorsque vous proposez des méthodes de gain de temps, et encouragez les gens à prendre conscience des schémas du stress. Lancez des généralités du type « Je ne pourrais pas vivre sans mon tableau mural » ou « J'ai toujours besoin d'au moins quinze minutes de préparation avant d'assister à une réunion ». Aidez vos collègues à admettre que même les plus battants ont parfois besoin d'aide. Évoquez les situations qui vous ont personnellement stressé et expliquez comment vous avez réussi à résoudre positivement le problème.

SOUTENIR LES AUTRES

Vous serez parfois obligé d'aider des personnes confrontées à une situation particulièrement stressante. Dans ce cas, adoptez une approche calme et logique et suivez les étapes ci-après :

- Abordez ouvertement les problèmes avec la personne concernée et déterminez quelles en sont les causes (problème lié au travail ou personnel).
- Après avoir analysé le type de stress auquel la personne est confrontée, essayez de trouver avec elle ce qui pourrait l'aider : une aide professionnelle (formation), une aide émotionnelle (psychologue) ou une aide médicale (traitement des symptômes découlant du stress ou aggravés par lui).
- Aidez la personne à trouver l'aide qui lui convient. Prévoyez d'autres solutions pour le cas où vos propositions ou recommandations ne seraient pas bien accueillies.

90 Demandez à vos collègues de donner des priorités à leurs tâches.

91 Demandez à ne pas être dérangé lorsque vous vous entretenez avec un collègue.

▼ PRENDRE LE TEMPS D'ÉCOUTER

Toute discussion avec un collègue ou un subordonné stressé doit avoir lieu en toute discrétion, à l'abri d'une salle de réunion. Prévoyez d'y consacrer autant de temps que nécessaire.

Agir à la Maison

Le stress ressenti au travail affecte inévitablement la vie personnelle. Apprenez à dégager du temps libre, à vous détendre, à trouver des centres d'intérêt et à vous nourrir correctement.

Dégager du Temps Libre

Le stress ressenti au travail a des effets désastreux sur la vie familiale, et inversement. Les interférences d'un environnement à l'autre peuvent se conjuguer pour former un cercle vicieux. Aussi, pensez à vous accorder du repos.

92 Prévoyez des activités pour le week-end, ne le laissez pas simplement s'écouler.

Accorder du Temps à son Entourage

La première technique pour réduire le stress à la maison consiste à accorder le plus de temps possible aux activités du foyer. Montrez à vos proches que les vacances en famille vous sont sacrées et à vos amis qu'ils ont une place dans votre vie. Faites savoir à vos collègues de travail que vous avez des engagements vis-à-vis de votre famille et signifiez clairement qu'elle est prioritaire sur le travail. Certaines petites choses ont énormément d'importance : déjeunez régulièrement avec votre compagne/compagnon ou jouez au ballon avec vos enfants.

▲ **S'ACCORDER DES MOMENTS DE SOLITUDE**
Si vous n'aimez pas être seul, vous êtes condamné à dépendre des autres. Apprenez à apprécier les moments de solitude.

PRÉVOIR UNE JOURNÉE ANTISTRESS

Notre monde évolue plus vite que jamais et le rythme de ces changements exerce sur nous tous une pression sans précédent. Il est donc essentiel de se réserver des points réguliers d'équilibre (des valeurs sûres et connues telles que promener le chien, faire un tour à vélo, lire un livre, arroser les plantes ou regarder une série télévisée dont les personnages sont familiers et prévisibles) qui nous aident à trouver un accord avec nous-même et nous persuadent que tout va bien dans ce bas monde. Rien n'est plus efficace pour recharger ses batteries qu'une journée antistress bien planifiée. Prévoyez vos activités à l'avance, prenez un jour de congé pour planifier cette journée. Si vous avez des enfants, arrangez-vous pour les faire garder par des amis ou de la famille ou faites-les participer à cette journée de détente.

▲ **FAIRE DE L'EXERCICE**
L'exercice est la meilleure arme contre le stress. Choisissez un sport non compétitif et avancez progressivement.

MATIN

Réveillez-vous naturellement et en douceur. Ne sautez pas du lit, mais savourez au contraire la perspective de la journée qui s'annonce. Au lever, prenez le temps de quelques exercices d'étirement. Buvez un verre d'eau, puis prenez un petit déjeuner léger agrémenté d'un petit extra. Vous pouvez alors attaquer la journée.

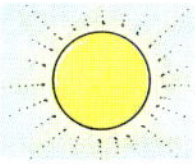

APRÈS-MIDI

Pour certains, un parcours de golf entre amis est la chose la plus agréable après le petit déjeuner. Pour d'autres, consommer est la thérapie idéale : un peu de shopping, puis déjeuner tranquille avec un vieil ami. Laissez votre voiture au garage, déplacez-vous à pied, en vélo ou empruntez les transports en commun.

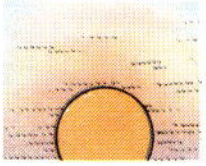

DÉBUT DE SOIRÉE

Résistez à la tentation de lire la presse ou de regarder le journal télévisé. Dans la thérapie du stress, pas de nouvelles, bonnes nouvelles. Le principe essentiel d'une journée anti-stress est de ne pas savoir ce qui se passe dans le reste du monde (il ne s'écroulera pas sans vous). Lisez un bon livre, regardez une vidéo pelotonné sur votre canapé, écoutez de la musique ou allez au cinéma.

NUIT

Glissez-vous paresseusement dans un bon bain, bichonnez-vous avec des huiles parfumées. Écoutez de la musique tout en vous habillant tranquillement pour aller dîner au restaurant avec votre compagne ou un ami. Prenez un taxi et oubliez votre montre. À votre retour, buvez une tisane avant d'aller au lit et de vous laisser glisser dans le sommeil.

APPRENDRE À SE RELAXER

La relaxation ne consiste pas à ne rien faire. C'est une technique qui demande peu de temps d'apprentissage. Prenez quelques cours et vous constaterez qu'il est facile, et agréable, d'entrecouper son quotidien de moments de relaxation.

93 Écoutez votre comique préféré. Rire vous aidera à vous relaxer.

COMMENCER À SE RELAXER

Il n'est pas toujours facile de se relaxer à la maison compte tenu des sollicitations diverses : sonneries du téléphone, repas à préparer, vêtements à repasser, etc. Trouvez un endroit tranquille dans la maison, et accordez-vous un moment pour pratiquer les exercices très simples décrits ci-dessous. Vous pouvez les pratiquer à tout moment de la journée. Portez des vêtements amples et confortables qui n'entravent pas vos mouvements. Posez un tapis ou un matelas sur le sol avec un coussin, puis allongez-vous pour commencer vos exercices.

94 Évitez de trop manger ou boire juste avant d'aller vous coucher.

▼ 1. TENDRE LES MUSCLES DU DOS

Allongé à plat dos sur le sol, laissez reposer les bras de chaque côté du corps. En contractant les muscles des épaules, du dos et des fesses, soulevez lentement le buste du sol. Sentez la tension dans votre corps et maintenez la position en comptant jusqu'à 5.

2. DÉTENDRE LE CORPS ▶

Appuyez doucement le dos contre le sol et détendez-vous en respirant lentement et profondément. Répétez autant de fois que nécessaire.

APPRENDRE À MÉDITER

La méditation est utilisée depuis des siècles pour combattre les effets du stress. Asseyez-vous sur le sol, le dos bien droit et les jambes croisées, les mains posées sur les genoux, paumes tournées vers le haut. Fermez les yeux et respirez par le nez en vous concentrant sur votre respiration. Restez assis quelques minutes, pleinement conscient de votre corps. Au bout d'un moment, vous sentirez la tension se relâcher.

SE CALMER ▶
Le but de la méditation est d'atteindre un état d'éveil au repos. Si, dans un premier temps, vous avez du mal à vous concentrer, n'abandonnez pas, votre esprit s'ouvrira peu à peu.

RECHERCHER DE L'AIDE

Les personnes qui ont du mal à se relaxer peuvent s'aider de thérapies de la relaxation. Parmi les plus connues, citons :
La **technique Alexander**, qui vous apprend à régler vos mouvements du quotidien de façon à préserver votre corps de la douleur, du stress et des blessures.
L'**aromathérapie**, fondée sur le massage à l'aide d'huiles essentielles.
Le **bain en caisson d'isolation**, qui consiste à se laisser flotter dans un caisson rempli d'eau additionnée de sels minéraux.
Le **shiatsu**, technique de massage qui s'effectue par pression des doigts sur certaines zones du corps afin de relâcher la tension.

MIEUX DORMIR

Tout le monde n'a pas besoin du même nombre d'heures de sommeil. Pour les adultes, la moyenne nécessaire varie de sept à huit heures par nuit, mais certains êtres d'exception clament haut et fort que quatre à cinq heures leur suffisent. Le stress peut nous voler chaque nuit quelques heures de sommeil ou nuire à sa qualité. Pour mieux dormir, détendez-vous avant de vous coucher. Chassez de votre esprit toute pensée excitante, surtout le travail, au moins deux heures avant d'aller vous coucher. Méditez, lisez un roman, écoutez de la musique ou regardez la télévision. Une boisson chaude, tel du lait, ou une tisane à base de plantes telles la valériane ou la passiflore, favorisent l'endormissement.

95 Lorsque vous vous allongez pour vous relaxer, commencez par détendre vos orteils, puis remontez doucement vers le haut du corps.

TROUVER DES CENTRES D'INTÉRÊT

Une vie équilibrée est essentielle à notre bien-être. Des activités physiques libèrent l'esprit et aident à réduire les symptômes externes du stress tandis que des passe-temps tels que la peinture procurent un bien-être émotionnel.

96 **Inscrivez-vous chaque année à un cours du soir pour apprendre quelque chose de nouveau.**

97 **Demandez à votre entreprise de vous obtenir une inscription à prix réduit dans un club de sport.**

S'ADONNER À DE NOUVEAUX PASSE-TEMPS

Choisir une activité qui vous plaît vraiment est une bonne arme contre le stress. Un passe-temps peut être si captivant que vous oubliez tout le reste, si passionnant qu'il vous ressource aussi bien qu'une bonne nuit de sommeil. C'est également une bonne méthode pour remonter dans notre propre estime. Après une journée de travail ratée, il est bon de s'adonner à son passe-temps favori qui nous permet d'affirmer nos compétences. Il peut même devenir pour certains un moyen d'existence. Des comptables se transforment en apiculteurs et des hommes de loi se lancent dans la restauration de meubles. Beaucoup de gens couplent passe-temps et vacances.

◄ **SE DÉTENDRE AVEC UN NOUVEAU PASSE-TEMPS**
Un passe-temps doit être un plaisir et non une corvée (ne sortez dessiner que si vous en avez vraiment envie). Si vous n'arrivez pas à être assidu à votre cours, ne vous inquiétez pas. Profitez au maximum du plaisir des cours auxquels vous assistez.

FAIRE PLUS D'EXERCICE

Les activités physiques sont réputées réduire l'anxiété et favoriser le sommeil. Mais soyez prudent car une personne qui force sur les activités physiques alors qu'elle est très stressée est plus sujette aux accidents. Commencez doucement, puis progressez peu à peu jusqu'à pratiquer régulièrement une activité physique. Lorsque vous faites du sport, prévoyez le temps nécessaire au transport, à vous changer et à vous doucher. Certains sports, tels le tennis et le golf, associent activité physique et activité sociale, ce qui, en soi, est réducteur de stress. Marcher d'un bon pas, nager et pratiquer l'aérobic sont de bons exercices pour le système cardio-vasculaire. Le tableau ci-dessous indique pour plusieurs sports leurs effets sur l'endurance, la souplesse et la force. Il vous permettra de choisir une ou deux activités qui vous conviennent.

98 Organisez vos vacances en fonction de votre passe-temps favori.

99 Lorsque vous débutez une activité sportive, prenez quelques cours avec un professeur.

★ ★ ★ ★ *Excellent*
★ ★ ★ *Très bon*
★ ★ *Moyen*
★ *Faible*

CHOISIR LE SPORT ADÉQUAT

ACTIVITÉ	ENDURANCE	SOUPLESSE	FORCE
BASKET-BALL	★ ★ ★	★ ★ ★ ★	★ ★ ★
CYCLISME	★ ★ ★ ★	★ ★	★ ★ ★
GOLF	★ ★	★ ★	★
COURSE	★ ★ ★ ★	★ ★	★ ★
FOOTBALL	★ ★ ★	★ ★ ★	★ ★
GYMNASTIQUE	★ ★ ★	★ ★ ★ ★	★
SQUASH	★ ★ ★ ★	★ ★ ★ ★	★ ★ ★
NATATION	★ ★ ★	★ ★ ★	★ ★ ★
TENNIS	★ ★ ★	★ ★ ★	★ ★
MARCHE	★ ★	★	★ ★

RÉGIME ALIMENTAIRE

Nous sommes le reflet de ce que nous mangeons. Lorsque nous sommes stressés, nous avons tendance à abuser des plats tout préparés. Pour agir efficacement contre le stress, il est impératif de bien se nourrir. Commencez par vous débarrasser de vos mauvaises habitudes.

100 Un petit déjeuner de roi, un déjeuner de prince et un dîner de pauvre, telle est la règle d'or.

▲ **ÉQUILIBREZ VOS REPAS**
Au lieu de réchauffer des plats tout préparés lorsque vous rentrez du travail, pourquoi ne pas vous faire une bonne assiette de pâtes bien nourrissantes ? C'est aussi facile à préparer qu'une barquette à glisser dans le micro-onde et c'est mille fois plus sain.

SE DÉBARRASSER DE SES MAUVAISES HABITUDES

Surveiller vos habitudes alimentaires pour déceler les mauvaises. Essayez d'adopter un régime alimentaire mûrement pensé et équilibré, qui supprime les plats préparés au profit d'une nourriture plus saine. Certains aliments sont réputés pour être peu bénéfiques à la santé. Évitez ceux à forte teneur en acides gras saturés, tels que la viande, le fromage, le beurre et les œufs. Cuisinez à l'huile d'olive ou de tournesol et préférez les plats à la vapeur et les grillades aux fritures. Mangez beaucoup de poissons gras comme le maquereau et essayez de remplacez la viande par des plats à base de soja. Pour réduire votre consommation quotidienne de caféine, remplacez le café et le thé par de l'eau ou du jus de fruits. Buvez au moins un litre d'eau par jour.

À FAIRE ET À NE PAS FAIRE

- ✔ Mangez modérément plusieurs fois par jour à intervalles réguliers plutôt que de prendre un énorme repas en une seule fois.
- ✔ Déterminez votre poids idéal et veillez à le conserver.
- ✔ Visez à la modération en toutes choses.
- ✘ Ne grignotez pas entre les repas, surtout des sucreries qui éliminent du corps certains éléments nutritifs essentiels.
- ✘ Ne gardez pas de sucreries à la maison.
- ✘ N'abusez pas du sucre, du sel ou du pain blanc.

101 Si vous ressentez le besoin impératif de manger entre les repas, croquez une carotte crue.

COMPOSANTS ESSENTIELS D'UN RÉGIME ALIMENTAIRE

COMPOSANTS	SOURCES ALIMENTAIRES
VITAMINES ET SELS MINÉRAUX Les vitamines permettent au corps de fonctionner correctement. L'apport quotidien nécessaire pour chaque vitamine est officiellement fixé. Les sels minéraux, aussi essentiels à la santé, sont composés de quelque 20 éléments chimiques.	*De multiples aliments sont une source de vitamines. La vitamine C dans les agrumes, les tomates, les melons et les fraises. La vitamine D dans les légumes verts, les poissons gras, le lait et les œufs. La vitamine B1 dans la viande, la levure et les rognons. Les légumes à feuilles et le poisson sont de bonnes sources de sels minéraux.* 
HYDRATES DE CARBONE Cette vaste classe d'aliments regroupe les sucres et les féculents. Les nutritionnistes recommandent généralement environ cinquante cinq pour cent d'hydrates de carbone dans un régime alimentaire équilibré.	*Les sources d'hydrates de carbone sont le pain complet, les sucreries, les biscuits, les pâtes, les pommes, le maïs doux, les céréales, les haricots cuits et les haricots rouges, les lentilles, les poivrons verts, les abricots secs, les bananes, les pommes de terre cuites ou bouillies, les noisettes non salées, les fruits secs et le riz complet.* 
PROTÉINES VÉGÉTALES Le corps a besoin de protéines sous forme d'acides aminés pour la croissance et la régénérescence des cellules, et pour produire les enzymes nécessaires aux anticorps et aux hormones. Tous les fruits et légumes contiennent des protéines.	*Les meilleures sources de protéines végétales sont les pois, les haricots en grains, les lentilles, les germes de soja ou de blé et les pommes de terre. Certaines protéines végétales ne contiennent pas tous les acides aminés essentiels, ou pas assez ; les végétariens doivent donc intégrer à leur alimentation des fruits secs de type noisettes ou des céréales, ainsi que des pois et des haricots en grain.* 
PROTÉINES ANIMALES Les protéines d'origine animale fournissent une protéine complète, c'est-à-dire qu'elles contiennent tous les acides aminés nécessaires au corps humain, et ce dans les proportions requises.	*Les protéines animales nécessaires à l'organisme pour fonctionner correctement se trouvent essentiellement dans la viande rouge. Mais on en trouve également dans la volaille, le poisson et les œufs, ainsi que dans les produits laitiers tels que le fromage, le beurre, le lait et les yaourts.* 
GRAISSES Les graisses sont le combustible de base de l'organisme. Le corps en a besoin pour fonctionner correctement (un régime équilibré doit intégrer trente pour cent de graisse), mais un abus peut causer de sérieux problèmes de santé, telles les maladies du cœur.	*Le poisson, le poulet, les légumes, les huiles et les avocats sont d'excellentes sources de graisses polyinsaturées et mono-insaturées. Le beurre, la viande, les oeufs, la crème fraîche et le lait entier sont riches en graisses saturées difficiles à assimiler pour l'organisme et moins bonnes pour la santé que les graisses polyinsaturées et mono-insaturées.* 

INDEX

CRÉDITS PHOTOGRAPHIQUES

Photographies

Code : h *haut* ; b *bas* ; c *centre* ; d *droite* ; g *gauche*

L'ensemble des photographies a été réalisé par Steve Gordon, Andy Crawford, Tim Ridley et Jean-Luc Scotto assistés de Sarah Ashum, Nick Goodall et Lee Walsh excepté les photographies 32 cg par Collections, 25cd et 33 cg par Imagebank, 63 hd par Powerstoch Photo Library, 23 par Spicers Limited, 20bg par The Stockmarket JM Roberts, 66 bg par Telegraph Colour Library et 4-5, 31 bd, 62 br et couv. hd par Tony Stone Images.

Illustrations

L'ensemble des illustrations a été réalisé par Joanna Cameron, Yahya El-Droubie et Richard Tibbetts.

Directeur d'une société de conseil en affaires, *Working Words*, Tim Hindle, fort de son expérience dans l'étude et la rédaction de documents d'affaires aide les entreprises internationales à communiquer. En tant que conseiller éditorial et auteur, il a publié de nombreux ouvrages parmi lesquels *Pocket Manager*, *Pocket MBA* et *Pocket Finance*, publiés par *The Economist Group* au Royaume-Uni et par *Harvard Business Press* aux États-Unis, ainsi qu'une biographie d'Asil Nadir, *The Sultan of Berkely Square*, publiée par Macmillan and Pan.
Il a collaboré à *EuroBusiness* de 1994 à 1996 et écrit régulièrement dans *The Economist* depuis 1979.